우크라이나와
러시아 특수 군사 작전
그리고 푸틴 대통령

우크라이나와
러시아 특수 군사 작전
그리고 푸틴 대통령

이유섭 지음

좋은땅

시작하며

2022년 2월 24일 러시아 군대가 우크라이나를 침공하였다고 방송에서는 이야기하고 있다.

그 뉴스를 들은 대중들은 신문과 방송에서 짤막하게 말해 주는 침공 원인과 그 진행 상황에 대한 해설을 듣고서 단순하고 단편적으로 이야기한다.

어떠한 사정이 있었는지를 이해하는 사람은 거의 없고 방송에 말하는 내용에 따라 단지 이분법적이고 이차원적으로 판단한다.

'역사는 세상을 비추는 거울이라.'고 하였다. 이것은 어느 시대를 막론하고 모든 일의 흥망성쇠가 다 이 역사에 나타나는 까닭이기 때문이다. 그러므로 공자께서도 『춘추』를 지으셨고, 수많은 왕들과 선비들이 지나간 역사를 공부하고 사색하며 스스로를 비추어 보았던 것이다.

따라서 사건 사건마다 시대적인 배경은 어떠했고 어떤 방향으로 흐르고 있었는지, 그리고 그 진행 상황은 어떠했는지를 세세히 살펴야 좋은 교훈을 얻을 수 있다는 것이고, 그런 세밀한 분석과 원근친소(遠近親疎)에 끌리지 않는 원만한 판단이라야 한다는 의미라고 생각한다.

건성건성 읽고 건성건성 들어서는 진실을 알지 못하며 오히려 선량한 사람을 모함하는 세력에 부화뇌동하여 선량한 사람을 비난하며, 사악(邪惡)한 세력에 힘을 보태는 무섭고 무거운 죄업을 짓게 된다는 뜻이다.

우크라이나와 러시아, 벨라루스는 같은 슬라브 민족으로서 오랫동안 같은 역사, 같은 언어, 같은 문화를 공유해 온 형제라고 하는데, 같이 공유했던 역사와 그 역사가 언제쯤 어떤 방식으로 갈라지기 시작했는지 잘 알아야 한다.

비옥한 농토와 세계 1위의 가스와 세계 2위의 석유 등 막대한 천연자원을 가진 러시아를 넘보는 영 제국의 역사는 어떠했는지를 알아야하며, 미국은 어떻게 영국과 샴쌍둥이라는 소리를 들을 만큼 가까운 관계의 나라가 되었는지 또 미국은 어떤 과정을 거치며 초강대국이 되었으며, 오늘의 미국은 어떤 처지에 놓여 있는지 그리고 미국의 미래는 어떻게 흘러갈지를 알아야 한다.

원인을 알고 그 진행되어 온 과정을 알면 결과를 유추할 수 있다. 불교에서 말하는 인(因), 연(緣), 과(果)의 서로 보응(報應)하는 이치는 우주만물 누구도 피할 수 없는 법칙이기 때문이다.

러시아가 직접 전쟁의 당사자가 되어 미국과 영국 등 나토의 전폭적인 지원을 받는 우크라이나와 처절한 전쟁을 벌이고 있는 모습을 지금 우리 눈으로 보고 있다.

참담한 뉴스들이 넘치고 있는데 어떤 뉴스가 조작된 정보들인지 세세하게 살펴볼 수 있는 인터넷 시대가 되었다.

권력과 언론이 어떻게 유착되어 민중을 속이는지 약간만 조사해 보면 각성할 수 있는 인터넷 시대가 되었다.

깨어 있는 마음으로 다양한 유튜브 채널과 독립 언론의 홈페이지를 두루두루 균형 맞게 살펴보면 진실을 구별해 알 수 있는 인터넷 시대가 되었다.

인터넷의 발달로 인해 전장의 생생한 모습을 볼 수 있는 오늘 날에도 왜곡되고 조작된 뉴스들이 넘쳐나는데 하물며 20년 전에 생겼던 역사적 사건은 쉽게 조작될 수 있었을 것이다. 50년이나 100년 전의 사건은 더욱 쉽게 조작되고 왜곡되어질 수 있었을 것이다.

그렇게 민중들은 권력자가 선택적으로 나누어 주는 정보에 따라 진실을 모르고 이리저리 부화뇌동하였을 것이다.

우크라이나, 벨라루스, 러시아는 같은 슬라브 민족으로 862년 노브고로드 공이 나라의 기틀을 이룬 이래 강대한 키예프 루스 공국으로 발전하였고, 12세기에는 키예프 루스 대공국, 모스크바 공국, 할라치나볼린 공국 등 10여 개의 독립적인 공국으로 나누어진 연합체 형식의 형제국이었다.

1223년 몽골족 타타르의 침략과 1240년 칭기즈 칸 손자 바투의 킵차크한국에 의해 키예프 루스 대공국이 멸망하고 볼린은 폴란드에, 할라치나(폴란드어는 갈리치야)는 리투아니아에 합병되어 소멸되었으나, 북쪽 삼림 지대에 위치한 모스크바 공국만은 존속하게 되고 키예프 루스 공국의 역사적 전통과 제도와 문화의 정통성을 보존하게 된다.

정교회의 본산인 콘스탄티노플이 오스만투르크 제국의 지배하에 들어가고 1598년 모스크바 대주교가 총주교로 승격하면서 정교회의 적자로서 정통성을 지키게 된다.

1991년 12월 21일 소련 연방이 공식적으로 해체되고, 연방을 이루던 공화국들이 제각기 독립을 하게 되면서 우크라이나공화국도 독립되었다.

특히 우크라이나는 별도의 국가로서 존재한 바가 없었고, 볼셰비키의 정책에 의해 작위적으로 만들어진 공화국이다.

영토의 동남부 돈바스와 오데사 지역은 1922년 레닌이 우크라이나에게 관리권을 넘긴 영토이고, 서부 지역은 1945년 스탈린이 제2차 세계대전의 패전국인 폴란드로부터 할양받아 우크라이나에게 관리권을 넘긴 영토이고, 크림반도는 1954년 후르시초프가 우크라이나에게 관리권을 넘긴 영토이다.

다만 서부 우크라이나는 오랫동안 폴란드와 오스트리아의 지배를 거치면서 러시아와는 많이 이질화되어졌다.

소련 연방의 해체에 따라 우크라이나 공화국이 독립하게 됨으로써 19세기 초부터 동남부 공업 지역에 집단적으로 거주하고 있던 러시아계 주민들도 영토와 함께 국적이 자동적으로 변하게 되었다. 우크라이나가 친러시아 정권으로 지내는 동안에는 전혀 문제가 되지 않았으나 친미 정권으로 변하면서 상황도 변하게 되었다.

　푸틴은 소련연방이 해체되는 격변의 시기를 거쳐 러시아가 정치 체제의 혼돈 속에서 경제적으로도 파탄을 당한 암담한 시기에 옐친 대통령에 의해 총리를 맡았다. 그리고 대통령의 직무를 맡았다. 체첸 지역 분리주의 세력의 무장 투쟁을 진압하며 러시아를 다시 하나로 통합하였고, 성급하게 도입된 자본주의 경제 체제 속에서 발생된 경제적 혼란으로부터 민생을 안정시켜야 하는 복잡하고 중대한 임무를 맡게 되었다. 와신상담의 시간을 보내며 부패하고 무능한 정치와 경제를 정비하였다.

　그런데 이번에는 같은 슬라브 민족으로 같은 역사와 같은 문화와 러시아어를 오랫동안 공유하며 친인척 관계로 얽힌 형제 나라로 지냈으며 또한 산업 구조와 경제 체제를 보완적으로 공유하며 지내 오던 우크라이나와 참담한 전쟁을 치르게 되었다. 이 특수 군사 작전이 일어난 역사적 상황과 진행 과정과 진행에 따른 세계적인 파급 영향을 알아보고자 한다.

　앞으로 우크라이나는 어떤 길을 걷게 될지, 유럽과 미국은 어떤 길을 걷게 될지 그리고 러시아는 어떤 미래를 맞이할지 생각해 보고자 한다.

　전쟁이란 용어 대신에 특수 군사 작전이라는 용어를 사용하며 압도적인 군사력에도 불구하고 지지부진한 전선을 유지하고 있는 푸틴은 어떤 그릇의 인물인지, 어느 정도의 품격을 가진 인물인지를 알아보고자 한다.

우크라이나와 러시아의 전쟁이 끝나면 세계사적으로 대단한 변화가
올 것이다.

이런 격동의 시기를 거쳐 각 나라가 평등한 관계에서 상부상조와 자
리이타적인 무역 활동을 통하여 평화로운 세계를 함께 만들어 가려면
어떤 사상으로 어떤 정치를 펼쳐야 할지를 생각해 보고자 한다.

1장에서는 인류에게 큰 상처를 안겨 준 제1차 세계대전과 제2차 세
계대전의 기획자이고 또 오늘까지도 세계 곳곳에서 국경 분쟁과 민족
갈등을 유발시키는 영국 금융 재벌의 역사를 살펴본다. 또 영국은 오
랫동안 러시아를 붕괴시키려고 어떤 일들을 꾸며 왔는지를 간략하게
살펴보았다. 그래야만 우크라이나 전쟁의 원인을 알 수 있다.

2장에서는 신생 독립국 미국은 어떻게 영국과 이토록 특별하게 결합
되어졌는지 그리고 초강대국으로 성장한 과정은 어떠했는지를 간략
하게 살펴보았다.

미국의 석유 재벌과 금융 재벌은 레닌의 공산혁명이 성공한 후 러시
아의 지하자원 개발에 어떤 이권을 받았는지 또 소련연방 붕괴 후 유
일한 초강대국인 미국은 세계 도처에서 약소국을 상대로 31년(1991년
~2022년)간 총 251회나 되는 전쟁 범죄를 저질러 왔는데 오늘날 어떤
처지에 있는지를 살펴보았다.

3장에서는 같은 슬라브 민족 국가인 우크라이나와 러시아와 벨라루

스가 어떤 역사를 공유하였는지, 그리고 언제쯤 문화적으로, 민족 의식적으로 갈라지게 되었는지의 역사를 간략하게 살펴보았다.

4장에서는 우크라이나의 정권 변화 과정에 어떤 외세의 영향이 있었는지 또 동부 돈바스 지역의 분쟁 과정 및 우크라이나에 대한 러시아 특수 군사 작전이 전개된 원인을 살펴보았다.

5장에서는 이번 러시아 특수 군사 작전이 미치는 세계적 파장에 대하여 생각해 보았다.

6장에서는 러시아 특수 군사 작전을 이끌고 있는 푸틴 대통령은 서방 언론에서 주장하는 부패한 독재자인지 아니면 러시아를 부흥시키면서 동시에 약소국에게도 대등한 주권을 인정하며 세계 평화를 도모해 가는 탁월한 지도자인지를 살펴본다.

또한 어떤 품격의 지도자인지를 지난 행적과 발언을 자료로 동양 사상적인 기준에 따라 저자의 잣대로써 평가해 본다.

7장에서는 이런 격변의 시기를 거쳐 각 나라가 평등한 관계로서 상부상조와 자리이타적인 상업 활동을 통하여 평화로운 세계를 함께 만들어 가려면 어떤 사상으로 어떤 정책을 펼쳐야 할지를 생각해 보고자 한다.

저자는 정치학이나 국제관계학을 전공하지 않았다.

사우디아라비아 주베일과 안부에 소재한 석유화학 플랜트의 구조물 설계와 서울 북부간선도로(성산대교 북단-홍지문 터널 구간)의 교량 상세설계 책임자와 부산 광안대교건설공사 전면책임감리단 구조분야 책임

감리원을 지냈고, 부산외곽 순환고속도로(부산 기장-경남 진영 구간) 건설을 대통령에게 제안한 토목구조 공학 석사이며 토목구조 기술사이다.

국제관계학에 대해 전혀 교육을 받지 않았던 토목공학자가 이런 문제에 깊이 관심을 가진 계기는 15년 전에 우연히 서점에서 황성환의 『제국의 몰락과 후국의 미래』을 무심코 구입해 읽다가 커다란 충격을 받았던 까닭이다.

미국이 약소국들에게 행한 주권 침탈과 정권 전복 쿠데타와 무자비하고 잔혹한 만행들을 읽으니 가슴이 너무 아파 몇 차례 책을 덮고 여러 날 동안 쉬었다가 다시 읽곤 하였다.

그리고 또 여러 해 지나 도서관에서 우연히 윌리엄 엥달의 『석유지정학이 파헤친 20세기 세계사의 진실』을 읽게 되었는데 석유를 쟁취하기 위해 온갖 사악하고 음흉한 모략들도 마다않는 영국과 미국 대자본가들의 무한한 탐욕과 죄악이 하늘에 닿을 만큼 높다는 역사적 사실과 국제 정치의 민낯에 대해 큰 깨우침을 얻었다.

그 뒤 윌리엄 엥달의 『전방위 지배』를 통해, 미국 정부와 중앙정보부(CIA), 미국민주주의진흥기금(NED)과 민간단체들 그리고 언론이 합력하여 '색깔혁명'이라는 명칭으로 미국의 이익에 비협조적인 정권을 전복시키는 과정들에 대해 깨우침을 얻었다.

2014년 마이단혁명으로부터 불붙기 시작한 우크라이나 네오나치 세력과 동남부 지역에 거주하던 러시아계 주민들 사이의 분쟁은 민스크협정을 거치다가 급기야 2022년 2월에 폭발하게 되었다.

참혹하고 서글픈 동족상잔의 살육인 이 사건에 대하여, 전쟁이 발생된 원인과 과정에 대한 균형 잡힌 한국 언론의 보도는 없었다. 편파적이고 의도적으로 한쪽만 비방하는 한국의 언론 보도와 2차원적이고 얕은 지식으로 목소리 높여 주장하는 주변 사람들을 많이 접하게 되었다.

영국과 미국의 외교 행태에 대한 역사적인 배경을 알아야만 우크라이나와 러시아가 일으키고 있는 이 참혹한 살생의 원인에 대하여 이해할 수 있다. 러시아에 관련한 이들 영국과 미국의 역사를 모르면 진실을 도무지 알지 못한다. 한두 권의 관련 서적을 읽어서는 2차원의 평면밖에 보이지 않는다.

10여 권의 관련 서적을 읽고 여러 외신들을 보니 사건의 본질이 비로소 3차원 입체적으로 보이기 시작하였다.

이런 내용들을 정치학이나 국제관계학을 배우지 않은 일반 시민도 균형 맞는 시각으로 진실을 이해할 수 있도록, 일반인의 눈높이로 이 책을 작성하려고 노력하였다.

우크라이나와 러시아의 분쟁에 관한 원인(因)과 주변 여건(緣) 그리고 파급 효과(果)에 대하여 '균형 맞고 정확한 시각'을 가져야만 한반도를 향해 다가오는 거센 태풍을 잘 이해하고 대비할 수 있으리라는 마음으로 이 책을 준비하였다.

휴전된 상태로 분단의 시대를 살고 있는 한국의 지식인들에게는 국내의 정치 상황과 정치인뿐 아니라 외국의 정치 상황과 정치 지도자도 올바르게 알아보는 안목이 꼭 필요하다고 생각한다. 잘못된 안목으로 자칫 부화뇌동하여 외세의 불장난에 편승한다면 우리들의 초가삼간을 태울 수 있기 때문이다.

러시아와 우크라이나가 같은 슬라브 민족인 것처럼 대한민국과 조선민주주의인민공화국도 같은 배달민족으로서 오랫동안 같은 역사, 같은 언어, 같은 문화를 공유해 온 형제 나라인데 어떤 외부적 분열 책동이 있었는가.

어떤 이데올로기를 강요받았는지 그리고 증오심을 유발시키는 세력들은 누구인가. 지금 대한민국과 조선민주주의인민공화국의 관계가 어떤 상황인가.

이에 대한 세밀한 분석과 원근친소(遠近親疎)에 끌리지 않는 공정한 판단을 한다면, 러시아와 우크라이나의 가련한 처지를 통하여 대한민국과 조선민주주의인민공화국 두 나라 간의 평화 유지에 도움이 되는 타산지석(他山之石)의 좋은 교훈을 얻을 수 있으리라 생각한다.

저자는 16살 고등학교 1학년 봄 학교 도서관 서고에서 우연히 골라 든 『채근담』(조지훈 역, 현암사)을 읽다가 큰 충격을 받았다. 그 후 50여 년간 동양의 유불선 서적들과 최수운의 『동경대전』, 최해월의 『법설집』, 강증산의 『대순전경』, 대종교 간부들이 목숨을 걸고 출간한 『환단고

기』, 원불교『교전』등 한국 전통 사상에 관한 많은 책을 정독하며 인격 도야를 위해 노력해 온 종교인이다.

또한 여러 종류의 평화 행동에 참여하며 평화로운 세상 만들기에 대해 깊이 고민하고 행동하는 평화운동가이다.

50여 년 동안 동양의 위대한 고전들을 다양하게 두루 읽으며 깊이 사색하고 있는 종교인이라 정치인들의 언행을 보면 그 사람의 그릇이 어느 정도 넓은지, 그 사람의 품격이 어느 정도 높은지를 평가할 수 있을 정도의 연륜과 밝은 안목이 생겼다.

초강대국이 자신의 권력을 믿고 온갖 포악한 짓들을 하며 안하무인하게 국제법을 조롱하고 무시하던 시대에 조종(弔鐘)을 울리는, 상호 주권을 존중하며 상호 평등한 관계를 가지고 자리이타의 호혜 무역으로 평화 세상의 문을 여는, 세계사적인 대변혁이 이번 전쟁을 계기로 생길 예정이다.

이런 평화 세상의 문을 열고 있는 러시아와 푸틴 대통령의 밝은 미래를 계속 지켜보고자 한다.

* * *

왕자들 사이의 권력 쟁투를 거쳐 왕좌에 오른 다음 천하를 태평하게 만든 왕(王)들이 있었고, 많은 전쟁을 거치며 나라를 반석 위에 올려놓은 성군(聖君)들이 있었고, 수많은 왜적들을 죽여 나라를 안정시킨 성웅(聖雄)들이 있었다.

맹자께서도 하늘의 뜻을 대신하여 나라를 다스리는 덕(德) 있는 군주는 학정(虐政)에 시달리는 이웃 나라의 백성들을 해방시키기 위해 능히 침략할 수 있다고 하셨다.

봄철에는 만 가지 꽃들이 흐드러지게 피어나지만 가을에는 만 가지 식물들을 죽이는(숙살·肅殺) 것이 자연의 이치이듯, 보살은 오직 천지(天地)의 무위자연(無爲自然)하고 엄정(嚴正)한 도(道)를 본받아 포상(襃賞)하고 또 징벌(懲罰)하는 것이니, 능히 죽이는 것도 보살의 일이고 능히 살리는 것도 보살의 일이다.

단기 4357년(서기 2024년) 2월 우수(雨水)에

이유섭 拜

목차

3장   우크라이나 지역의 개략적 역사

4장 러시아 특수 군사 작전의 원인

5장 러시아 특수 군사 작전의 전망과 세계적인 파급 효과

6장 푸틴 대통령은 어떤 인물인가

7장 세계 평화를 어떻게 이루어 갈까

1장

러시아의 자원을
약탈하려는 영 제국

1.
러시아 혐오증

제국주의 시대에는 우매한 자국의 민중들을 오만한 선민사상으로 세뇌시켜 다른 민족을 멸시하고 증오하게 함으로써 폭압적이고 무자비한 살인을 동반한 식민 지배를 가능하게 했고, 지배 받는 민족은 심리적으로 위축되고 고립되어져 저항 의식이 약화되도록 세뇌하는 심리 공작이 널리 사용되었다.

가해하는 인종은 서로 동질감의 연대 의식으로 결합되게 하지만 가해를 당하는 인종들은 열등의식과 패배 의식을 가지도록 유도함으로써 인종 간 또는 종교 간의 갈등을 증폭시켜 서로 미워하고 분열되게 만들어서 식민 지배를 용이하게 하려던 사악한 술수였다.

산업혁명 이래로 영국 앵글로색슨 인종들이 치졸하고 졸부 같은 인종적 우월감에 젖어 다른 인종에 대한 혐오증을 고의적으로 퍼뜨리고 선동하며 교묘한 인종 차별 정책을 사용하여 식민지 지배를 용이하게 하였다.

중동 지역에서는 수니파와 시아파로 나누어 분열시키고 다른 지역에서는 기독교와 이슬람으로 분열시키고 또 다른 지역에서는 인종 간

우크라이나와 러시아 특수 군사 작전 그리고 푸틴 대통령

의 갈등을 유발한다. 광활하고 인구 많은 인도를 식민 지배하며 힌두교와 이슬람교를 분열시켜 파키스탄을 떼어내고, 소수 민족인 로힝야 민족을 이용하여 다수의 인도인들을 다스리게 하였다. 중동과 동유럽 그리고 아프리카 대륙도 힘쓰지 못할 만큼의 작은 나라들로 나누었다.

서유럽 사람들의 슬라브 민족에 대한 오랜 멸시는 광활하고 비옥한 흑해 연안에서 평화롭게 농사짓던 슬라브 사람들을 붙잡아 노예로 팔던 6세기 무렵부터 있었다. 또 찬란한 그리스의 문화적 전통과 정교회의 기독교적 전통이 1500년대 동로마 제국의 몰락과 함께 모스크바 공국으로 완전히 이전되고 계승됨에 대한 강한 시기심과 열등감이 밑바닥에 자리하고 있었다.

그리고 몽골족의 유럽 침략 이후로는 '슬라브 민족들은 몽골계의 더러운 피가 섞여진 하등한 인종'이라는 악담을 퍼뜨린 탓이며, 자신들이 사는 서유럽은 '아름답게 잘 가꾸어진 정원이지만 그 동쪽은 야만인이 사는 정글'이라는 공공연한 멸시는 20세기까지 소설과 문학 그리고 영화 등의 방법을 사용하며 러시아 혐오증을 유포시켰다.

독일의 비스마르크 총리도 우크라이나에 반러시아 플랫폼을 만들고 싶었다. "러시아의 힘은 러시아와 우크라이나를 분리시키는 방법으로만 약화시킬 수 있다. 우크라이나를 찢어 놓는 데 그치지 않고 그들끼리 대항하도록 만들어야 한다. 이를 위해 민족 엘리트 내부의 배신자를 찾아서 육성할 필요가 있다."고 하였다.

브레진스키의 외교 공식 역시 강대국 러시아를 무너뜨리기 위해 우

크라이나를 찢어 놓는 것이었다.[1]

20세기 초까지 세계 최대의 유전 지대인 바쿠를 포함하여 1000억 배럴 이상의 석유 매장량을 가진 카스피해는 러시아의 지배하에 있었고, 사할린 지역 역시 러시아의 지배하에 있었다.

유대·앵글로색슨 자본가들은 석유와 광물의 자원 강국을 지배하고 싶었기 때문에 러시아에 대한 혐오증 유발로써 대중의 여론을 자기들에게 유리한 방향으로 돌리고 싶었다. 그렇게 조작된 여론을 통해 형성된 대중의 혐오증을 집단적인 증오심으로까지 증폭시켜야 파괴 공작이 더욱 쉬워지기 때문이다.

유대·앵글로색슨 자본가들은 자신들의 기득권을 추월하려는 후발 주자를 무슨 계략을 사용하든 쓰러뜨리는 것이 그들의 전략이었다. 18세기에는 러시아를 싫어했고, 19세기에는 독일을 싫어했고, 20세기에는 독일과 러시아를 침탈하고 싶었다.

러시아는 땅에 대한 농민들의 애착이 강하여 영국 자본가들에게 함부로 시장을 내어주지 않았다. 또 니콜라이 1세와 알렉산드르 2세가 영국 자본의 러시아 진출을 강력하게 막는 동시에 자력으로 근대화를 추진하는 모습에 유대·앵글로색슨 자본가들은 크게 분노하였다.[2]

서구식 자유시장을 거부하고 자급적 경제를 운영하겠다는 것이 세계의 자본시장을 지배하려는 유대·앵글로색슨 자본가들 기준에는 큰 죄악이었던 것이다.

우크라이나와 러시아 특수 군사 작전 그리고 푸틴 대통령

이런 혐오증을 퍼뜨리는 행위는 '모든 인류는 서로 평등하며 스스로가 바라는 바의 행복을 추구하는 인간'이라는 '하늘의 이치'와 '불변의 도덕'에 위배되는 사악한 행위이다.

하늘의 이치를 거스르는 행위일 뿐 아니라 서구인들이 입만 열면 자랑하고 선전하는 '이웃 사랑을 가르쳤던 그리스도 예수'를 부정하는 비기독교적인 행위이므로 기독교적 논리에 의한 하늘의 심판을 면하기 어렵다.

2.
영국 번영의 모태가 되는
네덜란드와 유대인

유럽은 봉건제의 통치 방식이 근대까지 이어져 왔고 왕의 권력이 영주에 비해 절대적이지 못하였고, 지방의 영주도 사적으로 군대를 보유할 수 있었다.

봉건제로써 근세까지 운영되어 온 일본의 경우에도 상업이 발달하여 세금이 많이 비축되어져 많은 병사와 좋은 전투 장비를 갖추고 식량 보급이 잘되는 영주가 전국적인 실권을 잡게 되었듯이, 유럽도 왕들이나 영주들의 갈등이 전쟁으로 비화될 때에는 전쟁 자금이 많아야 용병도 많이 모집할 수 있고 또 전쟁 물자도 충분히 보급할 수 있어서 전쟁이 장기전으로 진행되면 될수록 전쟁 자금이 많은 쪽이 마지막 승리를 차지하게 된다.

막대한 자금이 소요되던 십자군 전쟁도 약탈만으로 다 충당하지 못하여 거대 자본가로부터 자산을 저당 잡히고 돈을 빌렸는데 그 역할을 한 것이 성전기사단이었다. 1312년 카톨릭 금융을 담당하던 성전기사단이 해체되자 유대인 은행가들의 역할은 제어하기 어려울 만큼 강대

해졌다.[3)]

중세 유럽에서의 국가 간 전쟁 역시 빈약한 세금만으로는 부족하여 금융가들의 도움이 있어야 했고, 근대 민족 국가 간의 전쟁도 말할 것 없이 은행가들의 전쟁이었다.

즉 전쟁이 일어나는 시기에는 평상시의 일상적인 자금 융자에 의한 작은 이윤 취득보다도, 훨씬 더 많은 자금 융통에 따른 막대한 이익이 발생하는 기회였다.

유대인들은 디아스포라 이후 따로 지도하는 사제가 없어져 학자인 랍비를 중심으로 신자들끼리 모여 율법 낭독과 기도를 하는 예배 의식(시나고그 제도·synagogue)을 하고, 13세 이상의 남자는 누구나 토라를 읽어야 하므로 어린 자식에게 문자 교육을 시켜 왔다.

또한 유럽, 북부 아프리카 연안 지역과 서아시아 등의 여러 지역으로 흩어져 살았으므로 율법 토의를 위한 서로 간의 서신 전달 체계가 마련되어 있었고, 율법에 근거하며 타 민족과 동화되지 않고 고유한 전통을 지키면서, 같은 유대인끼리는 도와야 한다는 율법적 연대감을 늘 갖고 있었다.

그리고 타 종교에서는 이자 놀이를 율법으로 금지하거나 천한 일로 간주하였으나, 유대교에서는 유대교인이 아닌 이방인에게는 이자를 받고 돈을 꾸어 주어도 된다(구약성경 신명기 23장)고 하였으므로 타 종교인들이 경멸하는 이자 놀이의 금융업에 자연스럽게 독점적으로 종사하게 되었고 모든 남자 성인들은 문자 해독이 가능하고 기록에 능하였으므로 타 민족에 비하여 훨씬 유리하였다. 그리고 서기 589년 톨레도 공의회에서 유대인이 노예를 소유하는 것을 금지시켰고, 7세기 중반부터는 토지 소유도 금지시킴으로써 부득이 가내 수공업과 상업에 종사하게 되었다.[4]

이슬람이 지배하는 지역에서는 종교적인 차별이 없었고 신분상의 불이익도 없이 자유롭게 살아갔으며, 이슬람권과 기독교권의 무역을 금지한 교황 덕분에 이슬람 지역으로 기독교인의 출입은 금지되었어도 유대인들의 출입은 별다른 제약이 없었으므로[5] 이슬람과의 상업 활동과 심지어 이슬람 지역을 통과하는 인도 무역 행위에도 자유롭게 종사하게 되었다.

그렇게 지중해 무역 시기에 유대인들은 많은 재물을 축적할 수 있었고 그리스 문명의 귀중한 서적들도 읽으며 방대한 지식을 축적하였다. 귀족조차도 문자를 모르는 경우가 많았던 유럽 사람들에 비하면 학문적인 지식의 수준과 토론을 통한 지혜의 수준이 월등하게 높았다.

또 특정 시기에 동유럽의 일부 지역에서 신분상의 차별 없이 보호받고 살았으나, 기독교를 신앙하는 대부분의 유럽 지역에서는 신분상의 차별이 많아 비좁은 집단 거주 지역에서 열악한 생활을 하며 대다수는 수공업 또는 사회적으로 냉대 받는 노예상, 가축상, 전당포, 고물상과 대부업 등으로 살았다.

당시에는 심지어 귀족이라도 글씨를 모르는 경우가 많고 특히 기사 계층도 문맹자가 허다하였으므로 일부 사교적이고 수완 좋은 유대인들은 영주의 회계 담당이나 농노들의 세금 수령 업무나 소금의 전매 사업권을 맡게 되면서 점차 자금력을 축적하게 되었다.

그러나 기독교를 신앙하는 나라에서는 신분적인 차별이 있어서 언제든 추방될 수도 있으므로 전 재산의 일정 부분은 금, 다이아몬드같이 부피가 작은 귀금속으로도 비축하였다.

1290년 영국 에드워드 1세에 의해 영국에서 추방당한 유대인 무리들이 벨기에 브뤼헤 항구로 몰려와 기존의 유대인 그룹과 합류하여 지중해 국가들과의 양모와 모직물 무역으로 상권을 키웠고, 1306년에는 프랑스에서 추방된 유대인들도 이곳에 정착하여 합류하게 되었다.

또 이슬람 안달루시아 왕국이 물러간 이베리아 반도를 기독교 신앙의 스페인 이사벨라 여왕이 점령하게 되면서 유태인에게 개종을 하든지 아니면 6개월 안에 나라를 떠나라고 명령했다.

이슬람 왕국 아래서 장인, 금융업자, 무역업자 또는 통치자 칼리프의 재정 담당관 등으로 600년 가까이 활발하게 활동하던 유대인들은 개종으로 인한 정치적 자유보다는 상업 활동을 위한 유대 네트워크 이용을 위해서라도 추방을 선택했고, 30여 만 명이 1492년에 스페인에서 추방되었다. 이들의 상당수가 벨기에 브뤼헤와 앤트웨프로 옮겨와 기존의 유대인들과 합류하며 세력을 키웠다.

또 1516년 이탈리아 베니스 등에서 강제 격리 조치를 피해 이주해 온 유대인들이 합류하며 앤드웨프와 암스테르담에서 보석 판매 등의 중개무역으로 세력을 키웠다.

1579년 네덜란드는 건국헌장에 '종교의 자유'를 채택하였으므로 또다시 유대인들이 대거 몰려 왔고, 1585년 벨기에의 앤드워프가 스페인에 다시 점령되자 이곳의 유대 상인들이 네덜란드로 옮겨가 암스테르담의 상권을 완전히 장악하고 발전시켰다.

1567년부터 시작된 스페인과의 오랜 독립 투쟁 끝에 1648년 네덜란드는 유대 상인 네트워크의 힘을 통해 독립을 쟁취하였는데, 지중해와 대서양 해상무역 대다수를 유대 상인 네트워크가 장악하고 있어 전쟁에 소요되는 물자들을 이쪽이든 저쪽이든 유대 상인들이 공급하고 있었으므로 전쟁의 승패는 유대 상인들의 이해타산에 달린 것이었다.

따라서 유대 상인들은 경제적 활동이 자유롭고 신분상의 차별이 없는 네덜란드가 스페인에게 승리하도록 전쟁 자금을 전략적으로 분배하며 대출해 주었다.

전쟁에 불리한 나라는 더욱 높은 이율과 더 많은 담보물을 값싸게 저당 잡히니 전쟁이 끝나면 일확천금을 하게 되는 아주 수익 나는 사업이었다.

네덜란드 인구의 다수가 유대인이었고 또 독립운동의 주체가 곧 유대 상인들이므로 이들의 당연하고 압도적인 후원으로 네덜란드가 스페인으로부터 독립하게 되었고, 개신교 칼빈의 '열심히 일하고 검소하게 생활하여 부자가 된 것이라면 부(富)는 하나님의 은총'이라는 교리에 따라 상업 활동이 더욱 활발하게 되었다.

많은 유대인들이 종교적으로도 자유로운 이곳으로 모이게 되어 유대 금융가와 유대 무역상들의 자유지구가 되었으며 사실상 유대인들의 국가였다. 이런 이유로 네덜란드를 유럽의 이스라엘이라고 불렀다.[6]

3.
정경유착의 계기, 혁명 자금의 지원

네덜란드의 유대인 상인들로부터 혁명 자금을 지원받은 크롬웰이 1642년 영국에서 청교도혁명을 일으키고 1656년 혁명이 드디어 성공하니, 350년간 입국이 금지되었던 유대인들이 합법적으로 영국으로 진출하게 되어 1067년부터 자유도시로 인정되었던 런던시티 자치 지역을 되찾았다.

지금도 이 런던시티는 국가와는 별도의 독자적인 치외법권(治外法權) 지역으로서 시티의 시장은 그곳에 본점을 둔 기업가와 은행가가 선출하며, 영국 왕실의 재정도 관리한다.

크롬웰이 실각한 후 왕정 복구가 되자 암스테르담의 유대 은행 가문 수아쏘(Francisco Lopez Suasso)와 유대 상인들은 네덜란드의 윌리엄 공에게 400만 길더에 상당하는 금화의 혁명 자금과 4,000명의 기마병, 11,000명의 군사, 48척의 군함과 260척의 수송선을 지원하여[7] 장인인 영국 왕 제임스 2세를 공격하도록 하였다. 윌리엄 공은 1688년 명예혁명을 성공시키고 윌리엄 3세로 즉위한다.

우크라이나와 러시아 특수 군사 작전 그리고 푸틴 대통령

그리고 윌리엄 3세는 영국 왕위 계승 1순위인 매리 공주와 이미 결혼을 하였으므로 영국과 네덜란드를 공동으로 통치하게 되었다.

이로써 영국과 네덜란드 간의 장벽이 없어져 네덜란드의 유대인들이 대거 영국으로 이주하게 되며 1689년 권리장전과 관용법의 보호 아래 경제계 장악과 더불어 정계도 장악하는 기회를 얻었다.

사실 권리장전이란 귀족, 부르주아, 유대 금융업자들의 권리를 영구적으로 성문화한 것으로 영국의 통치권이 미치는 모든 곳과 심지어 대서양 건너 미국의 뉴잉글랜드도 이 권리를 적용받게 되는 것이었다.

그리고 유대인 계열의 사설 은행으로서 네덜란드의 국가 중앙은행 역할을 하던 1609년 설립의 암스테르담 은행을 모델로 하여 1694년 사설 은행인 영란은행을 설립하였다.

윌리엄 3세는 아일랜드, 스코틀랜드와의 전쟁으로 국고를 고갈시켰고, 유대 금융가로부터 금을 차용하여 프랑스와도 전쟁을 치렀다. 이윽고 원금 상환을 하지 않고 조폐발행권을 영란은행에 넘겼다. 국가의 화폐 발행권을 획득한 유대 금융인들은 영국을 경제적으로 조종하는, 어느 누구도 더 이상 배척할 수 없는 강력한 세력이 되었다.

4.
독일계 유대 상인
로스차일드 가문의 영국 합류

한편으로 폴란드-리투아니아 시대인 1264년 폴란드의 볼레스와프 왕(재위 1243~1279년)은 유대인을 보호하는 법령을 반포하기도 하였고 14세기 카지미에시 왕은 유대인 보호 정책을 더욱 확대하였으며 14세기 말 비타우타스 대공도 유대인 우대 정책을 펼쳤다.

이렇게 되자 신성 로마 제국에서 박해를 받던 유대인들이 대거 폴란드-리투아니아 지역으로 이주해 오게 되어 1648년경에는 약 50만 명이 거주하게 되고[8] 가내 수공업을 경영하거나 또는 금전 감각과 사무 감각이 뛰어난 사람들은 영주의 장원 관리인 역할을 하면서 여관, 술집, 제분소, 제재소 등을 경영하며 자금을 비축하였다.

영주의 행정 관리 사무와 재산 관리 업무를 맡다 보니 금전적인 부유함과 더불어 이웃 나라 간의 금융 중계 사업에도 종사하게 되어 자연스럽게 국내외의 정세 변화를 보는 지혜도 커져만 갔고 상대적으로 빈한한 농노 계급의 민중들로부터 시기와 미움을 받을 일이 많아졌다.

독일 프랑크푸르트에서 1764년 부친의 고물상, 골동품 가게를 물려받은 마이어 암셀 로스차일드는 유럽 최대의 부자 귀족인 헤센 카젤 공국의 빌헬름 왕자와의 교류에 성공하게 되었다. 꼼꼼한 업무 수행으로 신임을 얻어 1769년 왕실과 거래하는 '궁정상인'으로 성장하여 드디어 큰 성공의 발판을 얻었다.

빌헬름 왕자가 1785년 왕위를 계승하여 빌헬름 9세가 되었고, 유럽 전역에 산재한 왕의 개인 재산들을 대출해 주고 이자를 받으며, 기간이 지나면 대출금을 회수하는 관리 업무를 20년간 성실하고 치밀하게 수행하였고, 빌헬름 9세의 자산도 불려 주면서 본인도 수수료와 잉여 이익을 챙겨 막대한 자금을 모았다.

이렇게 본인의 막대한 자금과 빌헬름 9세의 유럽 최대 자금까지 굴리게 되었고, 드디어 아들 5형제를 유럽 주요 도시 프랑크푸르트, 빈, 런던, 나폴리, 파리에 상주시키면서 유럽 전역으로 금융 사업을 넓혔다.

영국과 프랑스에 각각 전쟁 자금을 빌려주고 각각에게 군수물자를 납품하며 수익을 챙겼고, 나폴레옹의 영국 해상 봉쇄 시기에는 이 봉쇄를 뚫고 밀수를 하며 돈을 벌었다.

뿐만 아니라 1815년 워털루 전쟁 시에는 영국이 패배하였다는 거짓 소문을 퍼뜨리는 수법으로 주식의 폭락을 유발시키고, 폭락되자마자 액면가의 5%도 안 되는 값으로 곧바로 주식을 매집을 하여 큰 수익을 얻어 영국 채권 총량의 62퍼센트를 획득하였다.[9] 이때 영국의 명문 재산가들 대부분이 파산하였으나 이 로스차일드 가문은 영란은행의 주식 대부분을 확보하여 실권을 장악하였다.

당시 영국 최고 부자인 왕실의 자산이 5백만 파운드인 데 반해 런던에 주재하던 3남인 네이슨 로스차일드의 재산은 9천만 파운드였으며 로스차일드 가문의 재산은 1억 3천 6백만 파운드였다고 한다.

이렇게 정계를 장악하며 영국의 귀족과 왕실과의 혼인, 네덜란드 왕실, 덴마크 왕실, 스칸디나비아 왕실 등과의 결혼을 맺으며 유럽 유수의 명문 가문들과 결합되었다.

이후 영국의 모든 정책은 유대 금융인들과 영국 귀족 출신 기업인들의 이익에 따라 국가 정책이 결정되었다고 해도 과언이 아니다.

즉 상인들이 자신의 이익을 위해 국가의 이름을 사용하고 국가 권력을 사용한다는 것이다.

그렇게 영국 정치인과 유대인들은 유대-앵글로색슨으로 한 몸이 되었으니 이제는 이들을 구분할 수 없게 되었다.

이제 앵글로색슨이란 용어는 영국계 민족의 구성원이나 문화를 지칭하지 않고 영국과 네덜란드의 근대 자본주의에서 발생된 문화와 유대인과 개신교 교도들 및 그들의 금융 활동에 참여한 자본가를 지칭한다.

근대의 앵글로색슨 즉, 유대 개신교 연합체는 14~15세기 콘스탄티노플의 유대인들과 오스만투르크의 유대인들과 베니스의 유대인들이 결합된 네트워크이며 또한 네덜란드 독립전쟁과 영국의 명예혁명에서 거대한 기여를 했던 유대 상인과 개신교 집단과 금융가들의 네트워크이다. [10]

5.
독일의 발전을 훼방하는
영국의 권모술수

영국은 다시 말해 런던의 금융인들은 일찍부터 유럽 대륙에서 강대한 나라가 등장하면 모든 흉계를 다 꾸며 서로서로 전쟁을 하도록 하고 그로써 서로 간의 국력을 쇠진하게 하여 영국을 넘보지 못하도록 하는 전략을 펼쳤다.

그렇게 오늘은 어제의 원수와 동맹을 맺고, 또 내일은 어제의 동맹과 원수를 맺어 다양한 전쟁을 유발시켰다.

전쟁이야말로 최상의 사업 항목이라는 것을 오랜 체험으로 잘 알고 있었다.

나라들 간의 전쟁에는 각 나라에 전쟁 자금을 융자해 주어 막대한 이자를 얻고 또 보급 물자를 공급하며 수수료를 챙겼다. 전쟁 자금의 돈줄을 막으면 다급해진 나라에서는 더 높은 이율로 자금을 요청하게 되니 더 높은 이자를 챙길 수 있고 그런 다음 돈줄을 막으면 그때는 다급해진 나라의 담보 물건들을 더욱 헐값으로 챙기는 것이었다.

18세기에 영국의 금융 자본이 산업 자본을 지배하게 되면서 영국의 산업계는 단기적 이익을 중시하는 금융 자본 경영자에게 지배되었고, 산업 자본에서 얻는 이익보다는 해외 무역에서 얻는 일확천금 같은 엄청난 수익과 고금리 정책에 더 치중하게 되었으므로 산업 분야는 점차 쇠퇴하게 되었고 마침내 영국의 산업 경쟁력이 떨어지기 시작하였다. 이런 탐욕적인 정책으로 인해 1873년부터 1896년까지 장기 불황을 맞게 된다.

영국의 정책과 발전 상황을 지켜보며 뒤따라오던 독일은 금융 자본의 금융 투기를 매우 엄격하게 제한하는 증권예탁법을 제정하고, 증권거래법을 제정하여 금융 조직 형태를 영미 은행의 형태와 크게 다르게 변화시켰다. 이런 제한 조치의 결과로 독일 금융시장에서 영국 금융회사들의 영향력이 대폭 약화되었다.[11]

이런 정책으로 인하여 독일의 산업은 장기적인 투자와 시장 개척을 통하여 비약적으로 발전하게 되어 1910년경부터 모든 산업지표가 영국을 앞서게 되었다. 철강 생산량, 선박 발주량 심지어 우유 생산량에서도 영국을 앞서게 되었고 기술학교와 단과대학의 국립 교육 제도를 확립하여 공학과 과학 발전에 치중하였다.

독일 정부는 해상 무역로를 장악하고 있던 영국과의 마찰을 피해 육로를 이용하여 중동 지역의 석유를 수입하기 위해 베를린-바그다드 철도 건설을 계획하였다.

그리고 독일의 산업가와 금융가 집단은 1889년부터 오스만 정부로부터 철도 부설권을 획득하여 1896년에는 베를린에서 터키의 아나톨리아 고원 코니아까지 총연장 1000km의 철도를 1차적으로 완공한다.

10년이 지난 1899년 드디어 베를린-바그다드 철도 건설 프로젝트도 오스만 정부에서 승인을 받아 동방의 광대한 시장에 자국의 공산품을 수출할 계기를 만들었다.

독일의 빌헬름 2세 황제는 이 철도 프로젝트의 완성을 위해 영국의 빅토리아 여왕을 만나 금융 지원을 요청하였는데 영국은 협상이 성공될 희망을 주면서도 내부적으로는 온갖 수단을 동원하여 협상을 지연시키고 방해할 궁리를 하며 15년 동안 질질 끌었다.

특히 세르비아 군대에 소속된 영국인 고위 군사고문 라판은 베를린-바그다드 철도 건설을 방해하는 전략을 영국 정부에 제안하기도 하였는데, 유독 이 세르비아 지역에서만 협상이 될 듯 말 듯 지지부진하게 지연되었다.

나폴레옹 시대까지 소급되는 이집트와 수에즈 운하 지역에 대한 프랑스의 영유권 주장에도 영국은 나일강 유역 파쇼다에서 도발을 하여 1898년 군사적으로 이집트와 수에즈 운하를 점령하였기 때문에 영국과 프랑스는 오랜 앙숙이었다.

그러나 영국은 독일의 경제적인 급부상에 대한 프랑스의 두려움을 자극하는 한편 드레퓌스 프랑스 육군 대위가 독일을 위해 간첩 활동을 하였다는 공작을 벌려 프랑스 내의 국민 여론을 조작함으로써 반독일 분위기를 조성하였다. 이와 같이 영국은 독일을 붕괴시키려는 공작을 펼쳤다.

　그런데 드레퓌스 프랑스 육군 대위가 간첩 활동을 했다는 것은 로스차일드 은행의 사주를 받은 페르디난드 왈생 에스테라지 백작의 모함임이 나중에 밝혀졌다.[12]

6.
러시아의 발전을 훼방하는
영국의 권모술수

한편 러시아의 발전을 방해하려는 공작도 펼친다.

러시아는 영국과 독일의 산업에 비해 경쟁력이 떨어지므로 1891년 가혹할 정도의 보호관세 정책을 채택하고 철도 인프라 건설 프로그램 등 야심 찬 산업화 계획에 착수하며 독자적으로 산업을 일으킨다.

1892년 철도 계획 책임자 비테 백작이 재무장관이 되면서 총연장 5400킬로미터에 달하는 시베리아 횡단 철도 프로젝트를 추진한다. 이 때 영국은 러시아의 반동 지주 귀족들을 조종하며 온갖 수단을 다 동원하여 비테 장관의 경제 정책과 시베리아 횡단 철도 프로젝트를 적극 방해하였으나, 시베리아 횡단 철도는 1903년 대체적인 완공을 하게 된다.

그러자 영국은 1904년 2월 일본을 충동질하며 막대한 전쟁자금을 후원하여 러일 전쟁을 일으키도록 공작을 한다. 러시아 발틱 함대는 영국의 훼방으로 수에즈 운하를 통과하지 못하게 되어 아프리카 희망봉을 돌아 인도양으로 오게 되었고, 또한 마다가스카르 섬에서 석탄의 보급을 방해받아 다시 2개월을 지체하는 등 역경을 뚫고 중국 대련으로 항해하였다. 함대의 지원이 늦어져 대련에 주둔하고 있던 러시아군이 이미 패배하였다는 소식을 듣게 된 발틱 함대는 어쩔 수 없이 발해 만의 대련이 아닌 동해의 블라디보스토크를 향해 쓰시마 해협 쪽으로 올라오다가 일본 군함에 의해 격침된다.

1905년 러일전쟁의 패배로 러시아는 영국에게 아프가니스탄과 페르시아의 넓은 지역에 대한 권리를 빼앗기고 일본에게는 동북아시아에서의 이권과 남사할린을 빼앗기게 되었다. 이로 말미암아 러시아 국가 재정도 피폐해지고 황실의 권위도 추락하여 러시아 백성들의 민심이 황실에서 멀어지게 되는 계기가 된다.

7.
독일을 에워싸는 비밀군사동맹과
제1차 세계대전

이렇게 러일전쟁에 패배해 쇠약해진 러시아는 더 이상 신경 쓰지 않아도 되니 영국은 다시 러시아의 각료들을 매수하여 1907년 독일을 에워싸는 영국-프랑스-러시아 신3국 협정의 은밀한 동맹조직을 맺고 이제는 오직 독일 제국을 몰락시킬 준비에 몰두한다.

1914년 4월 영국 왕 조지 7세와 외무장관 그레이 경은 파리를 방문하여 프랑스 푸앵카레 대통령을 만나는데 이때 프랑스 주재 이스볼스카 러시아 대사도 참석하여 독일과 오스트리아-헝가리 세력에 대항하는 비밀 군사동맹을 맺는다. [13]

이즈음 베를린-바그다드 철도 사업을 위해 독일 정부는 국력을 기울여 각 나라들을 설득하였고, 영국 군인이 군사고문으로 있던 세르비아에서만 유독 이런저런 협상 조건으로 지지부진하며 진척이 없었다. 철도 사업의 성공을 위해 애쓰던 도이치뱅크 총재가 암살되었고 이윽고 1914년 6월 사라예보에서 세르비아 청년에 의해 오스트리아 황태자의 암살 사건이 발생하였다.

　　　　우크라이나와 러시아 특수 군사 작전 그리고 푸틴 대통령

이로 인해 전 유럽은 제1차 세계대전이라는 참혹한 전쟁의 불구덩이에 떨어진다.

1914년 4월의 영-프-러시아 비밀군사동맹 체결과 1914년 6월 세르비아 청년의 오스트리아 황태자 암살사건의 전개 과정을 볼 때, 유럽 대륙에서 자신을 추월하려는 국가를 어떤 악독한 방법을 사용해서든지 쇠망하게 하려는 영국의 대외 정책에 따라, 급속하게 성장하는 독일을 망하게 하려는 흉계로써 제1차 세계대전을 일으켰다는 주장이 매우 합리적이다.

이로써 독일은 처참하게 파괴되어 1918년 11월 항복하고 이 전쟁 기간 중인 1917년에 제정 러시아도 레닌혁명이 일어나 망하게 되었으나, 오히려 영국은 1919년 베르사유 평화 조약으로써 제국을 최대로 확장시켜 '해가 지지 않는 제국'이 되었다.

그런데 이 베르사유 조약은 제2차 세계대전의 불씨를 안고 있는 가혹하고 불평등한 조약이었다.

영국이 막대한 이익을 얻은 이 제1차 세계대전으로 인한 사망자는 1600만 명에서 2000만 명이었고, 그중 천만 명 이상이 민간인 사망자였다.[14]

제1차 세계대전이 일어나고 약 4개월 지난 1915년 1월 영국정부는 미국의 제이피모건사를 미국에서 구매하는 모든 군수 물자들의 단독 구매 대행자로 지명하였으며 영국 정부가 미국의 민간은행에서 빌리는 모든 전쟁 부채의 독점적 금융 대행사로 지명하였다.[15] 이렇게 제이

피모건사가 신디케이트를 조직하여 영국에 제공한 전쟁 자금 부채가 47억 달러이었으므로 미국의 금융 자본가와 석유 재벌은 막대한 돈을 벌었고, 그 돈으로 능히 미국 정계를 지배할 만큼의 거대한 힘을 갖추게 되었다.

8.
제1차 세계대전 중에
중동 석유 지대를 점령하는 영국

1914년~1918년의 전쟁 기간 중 프랑스가 마지노 전선에서 독일과 피비린내 나는 전쟁을 치르며 150만 명이 전사하고 260만 명이 부상하였다. 그동안 영국은 약한 상대인 오스만 제국을 제압한다며 140만 명의 전투병과 물자를 지중해와 페르시아만의 동쪽으로 옮겨 배치했고[16] 프랑스는 엄청난 손실이 있었지만 영국은 인명 손실도 별로 없이 쉽게 전쟁을 끝내었다.

이때 아랍 지도자들에게 독립을 지지한다는 거짓 약속을 하며 오스만 제국에 대항하도록 부추겨 10만 명의 아랍인들이 희생되는 등으로 큰 도움을 받는다.

영국은 전쟁이 끝난 1918년 이후에도 중동 전역에 100만 명 이상의 군인을 계속 주둔시켜[17] 중동의 상당한 유전 지대를 강점하였고 추후 프랑스와 유전 지대를 분할한 후에도 중동의 프랑스 군대에 비해 압도적인 군사적 우위를 유지하였다.

9.
레닌 공산혁명을 지원하는
영미의 금융·석유 재벌

또한 제1차 세계대전 동안 영국의 동맹국으로 참여하여 많은 희생을 한 제정 러시아를 다시 철저하게 붕괴시키려고 영미 금융 및 석유 자본가들은 세계대전 도중인 1917년 레닌의 공산혁명을 지원하기 위해 막대한 자금과 4만여 명의 용병을 지원하였다.

레닌 공산혁명의 성공 이후 1921년에 시작된 레닌의 경제개발 5개년 계획에서 미국의 해리먼 투자그룹(Harriman&Co)은 1922년도 1백만 달러의 투자 이익을 달성하였고, 화학회사 듀폰, 항공기의 커티스(Curtiss Aircraft), 제너럴 일렉트릭, 포드 자동차 등이 소련 건설에 참여하여 거대한 이익을 챙겨갔다. [18]

또 1920년대 초 레닌 정부는 당시 세계 최대의 유전 지대인 바쿠 지역에서 이미 노사 협의 아래 잘 운영하던 노벨 형제들의 석유회사 사업권을 박탈하고, 불공정한 입찰 절차로 노벨 형제들의 참여를 배제시키며 미국 록펠러 소유의 석유회사로 이 사업권을 넘겨주었다. 이렇게 미국 금융 세력과 석유 세력은 바쿠의 유전 개발권과 사할린 섬의 석유 매장지 개발권을 얻는 협정을 하였다. 레닌의 혁명 자금을 후원한 보답인 것이다.

그런데 이 협정은 러시아의 원유 개발을 독차지하려는 미국을 방해하기 위한 영국 정부의 비밀정보부 공작에 의해 마지막 순간에 무산된다.

이런 영미 간의 석유 패권을 둘러싼 암투는 1927년에 '세븐 시스터'라고 불리는 매우 강력한 영-미 석유 카르텔이 형성됨으로써 끝나게 되었다.

영국 정부의 앵글로페르시아석유회사(브리티시석유회사)의 존 캐드먼과 스탠더드석유회사(엑슨) 회장인 월터 티글이 수렵 여행을 빙자하여 스코틀랜드에서 만나면서 이 카르텔이 완료되었다. 세븐 시스터스는 실제로는 하나였다.[19]

영국과 미국의 특별한 유착 관계는 런던시티와 월가의 금융 지배와 더불어 세계적인 석유 지배로써 더욱 확실하게 형성되었다.

10.
히틀러의 소련 공격과
영미의 꼼수 전략

1926년부터 영미 금융가들은 아돌프 히틀러의 국가사회주의노동자당(나치당)을 은밀하게 지원하고 있었다. 영국의 히틀러 프로젝트에 대한 지원은 네빌 체임벌린 총리까지도 가담되어 있었고, 유력한 월가 인사들과 미 국무부 인사들도 그 내용을 알고 있었다.[20]

독일 경제가 완전히 망가진 이 시기에 영국의 정책 즉 영미의 유대 금융 재벌의 전략은 '히틀러 프로젝트'를 입안하여 히틀러에게 자금을 지원하며 군비 확충을 돕고 그 힘으로 스탈린 집권의 소련에 맞서게 함으로써 '두 나라가 서로 죽을 때까지 피를 흘리게' 하는 전략이었다.

1931년 1월 4일 쾰른의 은행가 폰 슈뢰더 남작의 쾰른 별장에서 히틀러, 프란츠 폰 파펜, 폰 슈뢰더가 만나 막대한 부채로 인하여 실질적으로 파산 상태에 있던 히틀러의 국가사회주의노동자당 재정을 히틀러가 정권을 잡을 때까지 지원하기로 합의하였다.

1933년 1월 히틀러는 폰 슈뢰더 남작의 쾰른 별장에서 폰 파펜과 다시 만나 나약한 슐라이허 정권을 무너뜨리고 우익 연합 정권을 세

우크라이나와 러시아 특수 군사 작전 그리고 푸틴 대통령

우기로 결론지었고 드디어 1월 30일 히틀러는 독일 제국의 총리가 되었다. [21]

1931년의 독일 경제 공황 시절에 독일에 대한 한 푼의 차관도 냉혹하게 거절하였던 잉글랜드 은행이 히틀러 총리에게는 차관을 제공하였던 것이다.

1941년 6월 히틀러의 나치 군대는 영국의 희망처럼 소련을 침공하였고, 소련은 레닌그라드 포위전 등 전체적으로 2,700만 명 이상의 엄청난 사망자를 내며 치열하게 저항하여 나치 군대를 물리치게 되었지만 도시들은 처참하게 파괴되었다.

소련이 막대한 손상을 입으며 독일을 물리치고 있는 동안 아프리카와 이탈리아에서 소규모의 전쟁으로 시간을 보내던 영국군과 미군들이 독일의 패배가 드러나는 그즈음인 1944년 봄이 되어서야[22] 즉 6월 이후에야 노르망디 등에서 본격적인 전투를 벌려 독일 본토로 퇴각하는 히틀러 군대를 뒤쫓으며 막대한 융단 폭격을 민간인 지역에 퍼부어 무고한 시민들을 죽게 하였다.

미국과 영국 공군의 시기별 폭탄 투하량은 독일 지역에는 1944년 2~6월에 2만 톤이었으나, 7월에 4만 5천 톤, 8월에 4만 톤, 9월과 10월에 10만 톤, 11월과 12월에 11만 톤, 1945년 1월에 7만 톤, 2월에 12만 톤, 3월에 18만 톤, 4월에 9만 톤의 폭탄을 투하했다. [23]

1944년 6월에서 1945년 11월 사이에 서유럽 점령지에서 미군이 저지른 강간 지역은 독일 지역이 64%, 프랑스 지역이 22%, 영국 지역이 14%이다. 미군들은 독일 여성들에게 성폭행을 일으켰고, 빵 한 조각을 주었으니 성폭행은 아니라고 미국 군사법정은 주장하였지만, 미군이 저지른 강간의 신고는 11,040건이었고 기타 국가 군인은 6,040건이었다.

이런 결과로 태어난 사생아 숫자는 영국군, 프랑스군, 소련군에 비하여 미군들이 압도적인 1위로 통계되어져 있다. 즉 1945년~1955년간 연합국 군인들에 의한 독일의 사생아 신고 숫자는 미군 36,334명, 영국군 8,397명, 프랑스군 10,188명, 소련군 3,105명, 기타 약 4천 명이었다.[24]

영국군은 제1차 세계대전 시기에 프랑스와 독일이 처절하게 싸울 때 중동 지역에서 유전 지대를 점령하며 보냈고, 제2차 세계대전 시기에 독일과 소련이 처절하게 싸울 때 아프리카와 이탈리아 등에서 한가하게 소규모 전투를 하며 두 나라가 지쳐 쓰러질 때까지 기다리고만 있었다.

영국군과 미군이 유럽에서 무솔리니 군대 및 히틀러 군대와 격렬하게 싸웠다는 일반인의 기억은 전쟁 이후 소설과 유대 자본이 주류인 할리우드 영화를 통한 선전 활동의 결과일 뿐이다.

11.
처칠의 '철의 장막' 발언과
유럽 경제를 지배하는 미국

2차 세계대전 당시 수상이던 처칠은 23세가 되던 1897년에 인도 북서부 모하만드 부족을 몰살시키고, 24세가 되던 1898년에 수단의 카타이에서 1만 1천 명의 부족을 살해하였으며, 1899년부터 1902년 사이에 남아프리카의 금광을 빼앗기 위한 보어전쟁에서 보어 군인의 부인과 자식들 12만 명을 수용소에 가둔 뒤 2만 8천 명을 굶겨 죽였는데 사망자의 96퍼센트가 어린이였고, 흑인 11만 5천 명을 가두어 1만 4천 명을 굶겨 죽였다.

중동 지역의 식민지 장관이던 1921년 "비문명인을 없애자."며 현재 이라크 영토인 메소포타미아의 도시들을 폭격하여 45분 만에 도시를 쓰레기 더미로 만들었다. "인구도 줄고 좋지 않으냐."며 "화학 폭탄도 퍼부어라."고 전쟁부에 조언도 했다.

1943년 처칠은 인도 벵골의 모든 농산물을 약탈하여 영국군의 창고로 보냈고 이로 인해 3백만 명의 벵골 주민들이 굶어 죽었다. "인도 인구가 3억 명인데 3백만 명 죽는 것이 무어 대수냐."라고 무시하였다.[25]

이처럼 2차 대전 당시의 처칠은 제국주의의 파시스트요, 살인귀였다. 처칠이 최고의 정치인이며 민주주의자라는 칭송은 역사적 사실을 악마적으로 왜곡하는 영국 언론의 특기인 것이다.

전쟁을 일으키고 민간인들을 수용소에 가두고 일체의 식량이나 보급품을 주지 않아 굶겨 죽이는 것이 영국군의 전통이었고, 요즘 팔레스타인 가자지구에 무차별적인 폭격을 퍼부어 도시를 산산조각 폐허로 만들며 병원의 인큐베이터 안에 있던 갓난아기들도 죽을 만큼 물, 음식, 전기 등 일체의 보급품을 차단하는 이스라엘의 천인공노할 만행들도 이런 영국의 전통을 따른 것이라 할 수 있다.

2차 대전에서 서유럽에서의 승리는 막대한 인명 손상을 견딘 소련의 지대한 기여 덕분이었으므로 영국과 미국 군대의 손실은 소련에 비해 아주 적었다.

소련의 이런 희생과 협력의 공덕에도 불구하고 종전과 더불어 1946년 처칠은 미국을 방문하여 막대한 희생을 치르며 함께 싸운 연합국인 소련에 대해 '철의 장막' 운운하며 트루먼 대통령과 함께 곧바로 '소련 악마화' 정책을 퍼뜨리며 소련을 봉쇄했다.

그리고는 미국 전역에 소련 혐오증, 공산주의 혐오증을 퍼뜨리고 대대적인 반공 열풍과 백색 테러를 일으키면서 또다시 소련 붕괴와 자원 탈취의 흉악한 꿈을 꾼다.

처칠의 '철의 장막' 발언으로 시작된 미소 냉전 시기에는 주요 정책을 방해하는 어떤 강력한 반대자라도 '공산주의' 또는 '용공 세력'이라는 붉은색을 편하게 덧칠할 수 있었다. 개발도상국이나 신생 독립국의 지도자들에게 이러한 올가미를 씌우는 것은 아주 쉬운 일이었다. 이는 영국과 미국이 너무나 자주 써먹던 술책이었다.[26]

2차 세계대전에서 영국과 미국의 연합국으로 독일 패망의 가장 결정적 역할을 한 소련을 영국과 미국이 이토록 악독하게 붕괴시키려 했던 이유는 무엇일까?

레닌의 공산혁명에 막대한 공작금과 4만여 명의 용병을 지원하여 혁명을 성공시킨 다음 바쿠, 사할린 등에서 유전 개발권도 얻고 지하자원에 대한 이권도 차지하게 되었는데, 1924년 레닌이 죽고 예상하지 못한 스탈린이 정권을 차지하고 트로츠키파를 숙청함으로써 그동안 레닌과 그 측근들에게 투자한 영미 유대 금융 재벌의 모든 돈과 노력이 물거품으로 돌아가 버렸다.

이들 영미 자본가들이 사회주의라고 불리던 레닌의 소비에트 전체주의나 히틀러의 나치 전체주의를 당초 좋아하고 지원했던 이유는 국민의 여론을 무시하기 어려운 민주주의 체제의 국가보다는 전체주의 국가에서 자신들이 국가를 등에 업고 쉽게 산업계와 금융계를 독차지할 수 있다고 판단하였기 때문인데, 자신들이 하려던 일을 스탈린이 빼앗아 갔다고 느꼈다.[27]

스탈린은 영미 거대 자본가들의 멋진 식탁을 엎어 버린 원수였다.

그런데 레닌의 최고위 핵심 참모 8명 중에서 스탈린을 제외한 나머지 참모들은 유대인이었고, 이들은 런던과 뉴욕의 금융 및 석유 재벌과 연결되어 있었으니 스탈린이 권력을 장악하여 이들을 숙청하지 않았다면 러시아는 예전에 이미 여러 작은 나라들로 조각조각 나누어져 영미 거대 자본가들의 멋진 식탁이 되었을 것이다.

러시아, 독일을 같이 몰락시키고자 하는 영국과 미국의 노력은 20세기 내내 계속되었다. 이들은 자신들이 이미 장악한 영국과 프랑스만으로 독일과 러시아를 몰락시키기 어렵다고 판단하여 러시아와 독일의 주변 국가인 폴란드, 우크라이나, 아프가니스탄, 튀르키예, 세르비아, 보스니아 같은 나라들을 충동질하여 러시아를 끝없이 괴롭혔다.

1918년 러시아가 1차 세계대전에서 물러나 볼셰비키 밑에서 단결할 때, 주변 14개 국가들을 모아 소련 견제 전선을 구성했다.

1936년 독일이 히틀러 밑에서 단결할 때 이제는 소련을 끌어들여 반독일 전선을 형성하고[28] 독일과 소련이 서로 처참하게 죽어 가도록 하였다.

독일 제국이나 제정 러시아는 국부 창출을 위한 민족적 제국주의였던 반면 대영 제국은 사기업 중심의 국제적 제국주의였으므로 해당 식민지의 수장이나 총독부 관계자 대다수가 기업인이었다. 기업이 이끄는 대영 제국은 로마 제국과 같은 공존을 모르고, 오직 착취와 경쟁의

성격만 가진 저질의 제국이었다.[29]

기업 주도의 영국식 제국주의였으므로, 국가의 이익과 기업의 이익이 충돌하면 기업은 국가를 통제하여 자기들의 이익을 우선하였다. 따라서 식민지 경영의 부(富)가 국가나 서민들에게 흘러 들어가지 않았다.

아무튼 히틀러조차도 소련을 파멸시키지 못하여 소련 지역 내의 방대한 자원을 수탈하려던 영미 금융 재벌들의 계획은 또다시 실패하게 된다.

이윽고 1991년 소련 연방이 붕괴되어 작은 나라들로 나누어지니 이들 작은 나라들의 친소 정권이 친미 정권으로 교체되도록 공작하여 여러 나라에서 성공하였고, 이들 나라의 매판 세력과 결탁하여 자원을 빼앗으려는 오랜 꿈을 이루기 시작하였다.

특히 소련연방에 속했던 중앙아시아 각국의 지도자들을 미국으로 초대하여 관계 개선에 주력했고, 미국 기업들은 2005년까지 카스피해 석유 자원의 16%, 천연가스의 11%를 확보하였고, 영미 합자회사는 카스피해 석유의 27%, 천연가스의 40%를 확보하였다.[30]

러시아에서도 매판 세력 올리가르히들과 결탁하여 자원을 수탈하려던 공작은 계속 진행되었고 부분적으로 성공하였다.

그리고 영국과 미국은 2차 세계대전 종전 후 일부의 나치 책임자만 처벌하고 엄청난 규모의 나치 가족들을 캐나다, 미국, 아르헨티나로 안전하게 이주시켜 살아가도록 하였는데, 훗날 러시아를 찌르는 도구로써 이들 세력을 사용한다.

2005년 Cambridge에서 출간된 『U.S. INTELLIGENCE AND THE NAZIS』에서는 "1945년부터 1991년까지 우크라이나의 반데라 주의자들은 거의 CIA의 끄나풀이거나 냉전의 도구로 살아갔다."고 밝히고 있다.

이처럼 소련과의 전쟁에서 나치의 꼭두각시 노릇을 하던 전투병들을 후일을 위해 다른 나라로 잠시 이동하여 거주하게 하는 전략은 미국이 남미에서 정권 교체 공작을 위해 반군을 육성하고 또 미군 수송기를 사용하여 일시적으로 다른 지역으로 이동시켜 특정 장소에 거주시킨 점과 같으며, 아프가니스탄에서 급하게 철수하면서도 미군을 위해 꼭두각시 노릇을 하던 전투병의 가족까지 수송기로 옮겼던 것과 같다.

우크라이나의 친소정권을 전복시킨 마이단혁명을 기획하고 지휘했던 네오콘의 실세, 미국 국무부 정무차관 빅토리아 눌런드는 우크라이나계이다. 캐나다 외무장관 멜라니 졸리의 할아버지도 이때 캐나다로 이주한 나치 대원이었다.

2장

미 제국의 악업(惡業) 그리고
업보(業報)인 쇠망(衰亡)

1.
영국과 미국의 특별한 유착

미국인들조차 인정하는 미국의 사악하고 무자비한 정책들은 어디에서 기인된 것인가?

이미 밝힌 것처럼 영국과 유럽에서 확실한 기반을 갖춘 런던시티의 유대 금융회사들은 더 넓고 큰 시장을 지배하기 위해 새롭게 떠오르는 거대 시장인 미국으로 옮겨와 뉴욕에 진출해 있었다.

또한 영국 중앙은행인 영란은행을 모델로 하여 로스차일드 은행이 중심이 되어 개인기업인 연방준비은행을 설립하여 화폐 발행권을 확보하고 미국 정부로부터 발행화폐에 대한 이자를 영구적으로 받으려는 계획을 꾸몄다.

개인 기업이 화폐 발행권을 갖는 중앙은행 역할을 하는 것은 불합리한 제도이므로 정부가 화폐 발행권을 가져야 한다고 주장하는 세력은 차례차례 제거되었다.

에이브러햄 링컨 대통령이 남북전쟁 당시 로스차일드 은행으로부터 이자율 24~36퍼센트나 되는 고리의 융자를 받지 않고 북군 정부가 자

우크라이나와 러시아 특수 군사 작전 그리고 푸틴 대통령

체 발행한 독립 화폐 그린백으로 전쟁을 수행하였다가 1865년 북군 승전 5일 후 암살당하였다,

민주 국가라면 당연히 국가가 통화를 통제해야 한다고 주장한 제임스 A. 가필드 대통령도 1881년 암살당했다,

지폐 대신 금은화 같은 경화를 발행하겠다고 공언한 윌리엄 매킨리 대통령도 1901년 암살당하였다. [31]

그 후 다시는 이런 주장을 공개적으로 하는 지도자가 나오지 않는 분위기 아래 연방준비은행법이 의회에서 통과되고 1913년 중앙은행으로서 로스차일드 은행이 중심이 된 개인 회사인 연방준비은행이 확립된 것이다. 이렇게 개인 회사인 연방 준비은행이 미국 정부로부터 발행 화폐에 대한 이자를 미국이라는 나라가 없어지기 전까지는 안정적으로 받게 되며, 또한 발행 화폐의 총량을 규제함으로써 미국 정부의 돈줄을 움켜쥐고 정치계까지 장악하고 있다.

그리고 이 시기에 런던시티와 암스테르담 등의 금융가들은 영국과 미국 중에서 어느 편에 붙을까 하고 저울질하다가 영국보다는 미국을 새로운 보금자리로 마음 정하고 본격적으로 금융적 중심을 뉴욕으로 옮겼다.

또한 영-미 석유기업들은 제2차 세계대전을 계기로 세계 시장을 독점하는 엄청나게 강력한 힘을 가지게 되었다.

전후 유럽 부흥계획이 1947년 시작되고 나서 유럽의 최대 단일 지출

품목은 마샬 플랜 자금을 통한 석유 구입이었는데, 이 석유를 영국계 정유회사가 그 기능을 채 회복하지 못하여 미국계 5개 회사가 매우 비싼 가격으로 독점 공급하였다. 이런 과정을 거쳐 막대한 자금을 벌어들인 석유 산업은 뉴욕의 금융가들과 결합되기 시작했다.

이 시기에 뉴욕의 은행들은 작은 은행들을 합병하였고 큰 은행들도 서로 인수합병을 통해 몸집을 키워 마침내 소수의 유대 금융가들이 금융업계에서 강대한 카르텔을 형성하게 됨으로써 현재까지 정부의 정치인과 정책 입안자들을 압도적으로 좌지우지할 수 있게 된다.

전후 영국의 무역 메커니즘이 붕괴되었고 막대한 해외 투자도 전쟁 자금 마련을 위해 이미 팔린 상태이어서 영국은 미국의 지원에 완전히 의존하게 되었다. 미국의 지배층들은 미국이 전후의 세계를 지배하려면 영국의 제국 운영에 대한 방대한 전문성을 배워야 하고 이를 위해 상호 협력해야 한다는 것을 깨닫게 되었다. 영국도 미국과의 특별한 관계를 통해 2인자로서 간접적으로라도 세계적인 영향력을 누리고 싶었다.

제2차 세계대전 중 미국 전략사무국(OSS)의 미숙한 정보 공작은 주로 영국의 특수공작집행부(SOE)와 공동 협력 아래 수행되었는데 지휘는 런던 사령부에서 하였다.

전쟁이 끝난 1946년 처칠은 경험 없고 순진한 미국 트루먼 대통령을 만나 미국 중앙정보국과 비밀 정부기관의 조직에 대하여 조언을 하였다. 그리하여 미국 중앙정보국(CIA)은 런던에서 훈련받은 전략사무국의 전시 조직망을 기반으로 설립되었고, 트루먼 대통령은 자신의 행정부에서 반영파 인물들을 사퇴시킴으로써 미국과 영국의 정보기관들은 여러 핵심 분야에서 더욱 긴밀한 공조를 하게 되었다.

따라서 미국의 국방 정책은 영국과 미국이 공유하는 정보와 군사 방위 기밀을 토대로 수립하게 되었고[32] 영국이 가지고 있던 방대한 해외 정보망이 신설되는 미국 중앙정보국의 해외 조직망과 겹쳐지게 됨으로써 새로운 영-미 특별 관계가 형성되었다.

영국의 비밀정보부의 운영은 프랑스나 다른 나라와는 달리 독특한 형태로 운영되었는데 런던시티의 최고 은행가와 금융가, 정부 내각의 장관들, 주요 산업 회사의 회장들과 비밀정보부의 책임자들이 복잡하게 결합되어진 형태였다. 이들 민간인들은 경제계의 전문 경영인 신분이라 아무런 의심을 하지 않는 외국 경제기구들에게 막대한 영향을 미쳤다.

예를 들면 1928년부터 1963년 사망할 때까지 잉글랜드 은행의 이사를 역임한 찰스 조슬린 햄브로 경은 영국 비밀정보부의 특수공작집행부(SOE) 실무 책임자로서 전후 미국 CIA의 지배층이 될 경제 각료, 월가의 고위 관계자 등 전체 수뇌부를 훈련시켰다.[33]

이렇게 민간 상업 권력의 이익을 위해서는 국제법도 무시하는 영국의 교활하고 무자비한 대외 정책은 미국에게 고스란히 전수되어져 서로 협력하여 수행하고 그 먹이를 분배하는, 이른바 샴쌍둥이처럼 작동되는 것이다.

이와 같은 역사적 맥락과 아울러 아메리카 원주민들의 추방과 학살에서 보여 준 앵글로색슨 인종들의 비도덕적 잔인성과 이기적 탐욕심이 어우러져 오늘날 전 세계적인 대리전, 테러, 정권 교체 공작이 자행되고 있는 것이다.

2.
원주민 학살

미국이라는 제국의 두드러진 특징 중 하나는 제국으로 존재해 왔다는 사실을 스스로 줄기차게 무시하며 청교도 정신의 선량한 나라인 척해 왔다는 것이다.

북미 원주민을 추방하고 살육하였고 오클라호마 내륙까지 총 2000킬로미터를 걸어서 보호구역으로 몰아넣는 과정에서 어린아이, 노인, 여자 순서로 죽게 한 것이 분명한 제국주의 행위이며, 1840년대 멕시코와의 전쟁을 통해 멕시코 영토의 3분의 1에 상당되는 토지를 빼앗았다. 50년 후 1898년 스페인과의 전쟁을 통해 쿠바, 필리핀 등 스페인의 해외 영토 대부분을 차지했다. [34]

이런 제국의 특성은 영토 점령뿐 아니라 점령국 국민에 대한 인종차별과 학대에도 적용된다. 또한 물리적인 점령이 아니더라도 달러 패권을 통한 약소국의 경제권 장악과 경제 구조의 지배를 통한 경제적 점령도 있다.

또한 기독교적인 배타성과 이분법적 사고방식 또 퇴폐적인 섹스 문화를 퍼뜨리며, 그 나라 고유의 미풍양속을 파괴하는 문화적 점령도 있다.

약소국의 부패한 정치인들을 조종하고 사리사욕에 눈먼 언론인과 학자들을 조종하여 영구적인 매판 세력을 뿌리 깊게 심어 놓으며 아울러 무지몽매하게 부화뇌동하는 국민을 양성하는 정치적 점령도 있다.

'민주주의 수호'니 '자유시장 수호'라는 모호한 언어를 앞세우며 제국주의의 패권을 무자비하게 휘두르면서 교활하게도 '미 제국'이라는 단어는 사용하지 않는다.

미국 의회조사국(CRS)의 2022년 3월 보고에 따르면 1798년 이후 2021년까지 총 469회나 해외 군사 개입을 실시하였고 이 수치는 독립 전쟁, 남북전쟁 및 비밀 작전을 제외하고 의회가 승인한 건만 산정한 것이다. 224년간 469회이니 매년 두 번씩 전쟁을 한 것이다.

특히 1798년부터 1990년까지 192년간은 총 218회인데, 냉전이 종식되어 단일 패권을 누리던 1991년부터 2022년까지 31년간 총 251회의 참혹한 전쟁을 일으켰으니[35] 어찌 제국주의 국가가 아니라고 할 수 있겠는가.

유럽에서 건너온 백인들은 서부 개척이라는 미명 아래 정착 초기부터 농사법을 알려 주며 생존할 수 있도록 도와준 착한 원주민들에게 오히려 독을 탄 음식을 먹여 집단 독살도 하며, 원주민 여성을 강간하고, 천여 명의 무장도 하지 않은 원주민을 붙잡아 남녀노소를 불문하고 사지를 찢어 죽이고 코를 베어 전공 자료로 삼고, 머리 가죽에 상금을 지급도 하였다.

1637년 5월 영국군과 필그림 파더들은 피쿼트족 마을을 습격하여 1500명을 몰살하고 생포한 원주민은 노예로 팔았다. 이것이 피쿼트족 대학살이고, 1818년 세미놀족 남녀노소 백여 명을 집단 학살하였고, 1854년 오리건에서 보호구역 안에서 굶주리고 있던 수우족을 학살한 그래턴 학살이 있었고, 같은 해 캘리포니아 샤스타의 크리크족 수백 명을 살해하였다. 1855년 9월 네브래스카 보호구역의 브룰족 원주민들 백여 명을 학살하였고, 1863년 솔트레이크 지역의 강변에서 쇼쇼니족 400여 명을 학살하였으며, 같은 해 미군과 몰몬 교도 이주민이 합세하여 아이다호 프레스턴 부근의 원주민 약 300명을 학살하였다.

1864년 11월에는 콜로라도 지역 주둔군 존 시빙턴 대령이 '하나님이 세운 나라에서 인디언을 죽이는 일은 정당하며 명예로운 일'이라며 남녀노소 600여 명을 학살했다.[36] 이처럼 원주민을 동물 취급하며 아무런 죄의식도 없이 학살한 사건은 이루 헤아릴 수 없다.

1838년 2~3만 명의 체로키족 원주민은 북부 조지아와 아칸소에서 오클라호마 내륙까지 2000킬로미터를 걸어갔고 도중에 어린이, 노인, 여자순으로 7000~8000명이 굶주림과 질병으로 사망했다. 이것이 통곡의 행렬(Trail of Tears)이다.

1863~1864년 동부 애리조나와 서부 뉴멕시코 지역에 거주하던 나바호족 1만여 명이 500킬로미터 떨어진 뉴멕시코 페이커스강 계곡까지

맨발로 걸어갔는데 추위와 굶주림과 질병으로 천여 명이 사망하였고 보호구역에서도 굶어 죽는 사람들이 속출하는 생지옥이었다. 이것이 나바호족의 대장정(Long Walk of the Navajo)이다.

이밖에도 죽음의 행진(Death Match)이라 불리는 또 다른 나바호족 강제 이주, 수우족 강제 이주, 아파치족 강제 이주 등 잔혹한 강제 이주가 헤아릴 수 없다. [37]

1831년 미국을 방문한 프랑스 판사 알렉시스 드 토크빌(Alexis de Toc-queville)은 미군의 총부리에 떠밀려 추위와 굶주림 속에서 얼음을 깨면서 맨발로 미시시피강을 건너는 촉토족의 처참한 강제 이주 모습을 보고 "사람이라면 누구라도 그 광경을 보고 가슴이 미어지지 않을 수 없을 것."이라고 하였다. [38]

그의 눈에 미군은 사람이 아니었던 것이다.

3.
멕시코 영토의 강탈

멕시코는 1521년부터 300여 년 동안 스페인의 식민 통치를 받았다. 1821년 코르도바 협정에 따라 스페인으로부터 독립을 하게 되어 미국의 도움 아래 연방제 헌법을 채택한다. 그런데 연방제를 채택한 후 미국의 공작에 따라 통치권을 중앙정부로 집중하자는 세력과 지방정부로 분산하자는 세력으로 분열되고, 미국의 공작에 의해 두 세력 간의 갈등이 심화되었다.

급기야 1836년 미국의 지원을 받은 텍사스 지역 반군들이 일방적으로 멕시코로부터 분리 독립을 선포하였다.

이 반군들이 미국의 지원을 믿고 멕시코 정부군을 상대로 전투를 하였는데 약속과 달리 미군이 지원을 하지 않아 요새 알라모에서 몰살을 당하게 된다. 지원을 하지 않아 반군이 몰살된 다음에야 미국 정부는 이를 빌미로 1836년 9월 반군들과 함께 텍사스를 점령했다.

다른 나라의 비난을 의식하여 텍사스공화국으로 있다가 1845년 28번째 주로 편입하였다.

이렇게 빼앗은 멕시코 땅에도 만족을 하지 못한 미국은 자국 영토로 편입된 텍사스와 멕시코의 국경인 리오그란데강 부근에서 1846년 4월 국경 분쟁을 일으킨다. 11명의 미군 병사가 죽음을 당하도록 유도한 뒤 멕시코가 미국 영토를 침공하여 미군을 죽게 하였다고 선전 포고를 한다.

반면 멕시코 정부는 분쟁이 발생한 지역은 명백한 멕시코 영토이므로 침공한 쪽은 미군이었으니 합동 현장 조사를 강력하게 요구하였다. 그러나 미국은 이러한 멕시코의 주장을 무시하고 1846년 5월 침략을 시작하였고 1848년 2월 과달루페이달고 조약을 통해 현재 텍사스, 콜로라도, 애리조나, 뉴멕시코, 와이오밍, 캘리포니아, 네바다, 유타주를 차지한 뒤 끝이 났다.[39] 약한 나라의 정당한 요구는 쇠귀에 경 읽기였던 것이다.

1853년 미국은 애리조나와 뉴멕시코의 일부 지역을 더 차지하려고 군사적인 협박을 하여 정상적인 거래인 듯 위장하고 헐값에 차지하였다. 이 전쟁에 중위로 참전하였다가 나중에 18대 대통령이 된 율리시스 그랜트는 '강국의 탐욕을 채우려고 무고한 약소국을 침략하는 전쟁이야말로 가장 추악한 짓'이라고 술회하였다.[40]

4.
스페인 식민지 쿠바와
필리핀의 강탈

한때 광대한 식민 영토를 가졌던 스페인은 새롭게 부상하는 제국들 사이에서 힘겹게 대서양의 쿠바, 푸에르토리코 그리고 태평양의 필리핀과 미크로네시아 제도로 식민 영토가 줄어들어 있었다. 19세기 후반에는 이들 식민지에서도 저항의 물결이 거센 곳이 쿠바였다.

미국은 쿠바를 차지하기 위해 노예 해방을 선동하며 무장 게릴라 세력을 침투시켰고 10년 전쟁(1868~1878년), 작은 전쟁(1879~1880년)을 일으키고 1883년, 1885년, 1892년, 1893년에 폭동을 일으켰다. 1895년에는 추방당했던 저항 세력을 다시 쿠바로 보내 또 전쟁을 치렀다. 스페인은 지방 인구의 대부분을 요새화된 도시로 보낸 뒤 시골 지역을 무차별 포격하였고 기아와 질병까지 이어져 수십만 명의 쿠바인이 사망하였다.

1898년 1월 25일 미해병 350여 명을 태운 전함 메인호를 아바나 항구에 파견시켜 스페인 군대의 도발을 유도하였으나, 쇠락하던 스페인은 미국 전함과 상대하지 않고 그대로 두고 보며 반응하지 않았다.

1898년 2월 15일 밤 메인호 기관실에서 원인 모를 폭발이 일어나

266명이 사망하고 50여 명이 부상을 당하는 사건이 발생한다. 당시 메인호 함장 식스비(Sigsbee)는 함선 내부의 문제에서 비롯되었다고 상부에 보고하였으나, 미국 정부는 스페인의 소행이라고 몰아붙였다.[41]

스페인 정부는 합동 원인 조사를 하자고 공식 요청하였으나 미국은 이를 무시하고 허약한 전력의 스페인을 상대로 4월에 선전 포고를 하였고, 불과 4개월 만에 미국의 일방적인 승리로 끝이 났다.

미국이 스페인을 상대로 선전 포고하기 넉 달 전인 1898년 1월경 30년간 스페인과 독립 투쟁을 해 오던 쿠바 지휘관 막시모 고메스가 "1년 이내 스페인에게 승리할 수 있겠다."고 예측할 만큼 쿠바인들의 독립 투쟁이 치열하였다. 미 육군이 쿠바의 다이키리 해변에 손상 없이 상륙할 수 있었던 것도 쿠바 독립 투쟁군이 이미 스페인 군대를 무찔렀기 때문이었다. 스페인 군대는 이미 미 육군의 진격을 방어할 여력이 거의 없었다.

쿠바인들은 수십 년간 독립 투쟁을 하며 버티고 있는 상황인데도 미국이 자신들의 공로를 전혀 인정하지도 않고 배제해 버렸다.

"나는 우리나라가 점령지로 간주되는 것을 용납할 수 없소."라고 쿠바 독립 투쟁군의 장군인 칼릭스토 가르시아가 항의하였으나[42] 무시되었을 뿐이었고, 미국은 오히려 점령군으로서 쿠바의 자유를 훔쳐 간 것이었다.

쿠바 지휘관 막시모 고메스는 "우리가 싸운 건 이런 꼭두각시 공화국을 위해서가 아니오. 이것은 우리가 꿈꿔 온 완전한 독립이 아니란

말이요."[43]라고 비통하게 말했다.

　메인호의 폭발 사고가 나고 10일이 지난 1898년 2월 25일 오후에 당시 해군부 차관보 시어도어 루스벨트(후일 26대 대통령이 됨)는 동양함대 사령관 존 듀이 준장에게 "스페인과의 전쟁이 나면 홍콩에 있는 배를 모아 필리핀의 스페인 함대를 공격하라."고 명령하였으니[44] 2월 15일의 메인호의 폭발과 4월의 선전 포고와 5월 1일 마닐라만의 스페인 함대 공격이 미리 계획되었던 것이라는 주장은 일리가 있다.

　1898년 5월 1일 멀리 태평양에 있는 필리핀 마닐라에서 스페인 함대를 향해 미 해군이 함포 사격을 개시하여 6시간 만에 스페인 배를 모두 침몰시키고 해안 포대를 점령하였다.

　이 포격 직후 1896년 6월 필리핀 독립 세력은 필리핀의 독립을 선포하였다.

　독립 투쟁의 지도자 에밀리오 아기날도의 독립 투쟁군이 스페인 군대를 상대로 도시들을 탈환하며 마닐라를 포위하였는데, 미국과 스페인 군대는 비밀협약을 맺어 마닐라를 두고 싸우는 척하기로 하였다. 단 스페인이 마닐라를 미군에게만 인계하고 필리핀인들의 출입을 허용하지 않는다는 조건이었다. 스페인 총독은 "백인에게는 기꺼이 항복하겠지만 검둥이들에게는 어림도 없다."며[45] 말하였다. 또 미국이 스페인에 2천만 달러의 권리금을 주기로 약속한 거래가 이미 있었다.

　두 달 반 동안 마닐라를 포위하느라 수천 명의 군인을 잃은 필리핀 독립 투쟁군 세력들은 독립을 도와주는 미국에 대해 무척 고마워하였는데, 미군이 스페인 군대의 아무런 저지도 없이 출입하고 적군과 친하게 지내며 급기야 1898년 8월에는 필리핀 독립 투쟁군을 마닐라에 들어오지 못하게 쫓아내자 그 때에서야 배신당한 줄 알게 되었다. 매킨리 대통령은 "반군과의 공동 점령은 없다. 미국의 군사 점령과 지휘권을 인정해야 한다."는 성명서를 냈다.[46]

  필리핀 독립 투쟁 세력들은 1899년 1월 국가 수립을 선포하고 미 제국을 상대로 해방 투쟁에 나섰다. 그러자 미국 정부는 에밀리오 아기날도의 독립 국가 선포는 법적 효력이 없으며, 유일한 합법 정부는 필리핀 주재 미 점령군 사령부라고 발표했다. 아울러 12만 명의 대병력과 스페인 정부에 충성하던 매국 기득권층들과 현지에서 조달한 불량배들을 투입하여 이 독립군 소탕작전을 대대적으로 개시하였다.[47]

  독립군들의 치열한 저항에도 불구하고 강온파로 갈라진 지휘관들의 내분과 미국의 계략으로 아기날도 장군이 체포되면서 이들 독립군들은 대다수 궤멸되었다.

  1898년 초대 군정장관 웨슬리 메리트(Wesley Merrit) 장군부터 3대 군정장관 아서 맥아더(Arthur Macarthur)에 이르는 통치 기간 동안 민족주의 정치단체들은 해산되고 민족주의적인 언론은 가혹한 탄압을 받는다. 1898년부터 1913년까지 약 15년간 2만여 명의 필리핀 독립군과 100만여 명의 민간인이 집단 학살되었다.[48]

  형식적인 괴뢰 정부가 수립된 1946년 이후에도 이들 독립군들은 민다나오섬을 중심으로 대미 항쟁을 계속하였다.

이처럼 미국은 스페인이 식민지의 독립 투쟁군에게 거의 패배하기 직전에 슬그머니 숟가락을 얹고, 최소의 전투로 스페인에게 항복받아 낸 다음 쇠잔해진 독립 투쟁군을 압도적인 군사력으로 구석으로 몰아붙이고 새로운 점령군으로 행세한 것이었다.

그해 12월에 미국은 파리강화조약을 통해 쿠바, 필리핀, 푸에르토리코, 괌에 대한 통치권을 인수한다.

점령한 후 일정 기간이 지나 '적합한 정부'가 수립될 때까지 군정을 실시하기로 하였다. 여기서 적합한 정부란 미국의 정책에 순응하는 괴뢰 정부를 말하는 것이며, '적절한 시기'란 '이 괴뢰 정부가 강력한 통치력을 잘 갖추는 시기'를 말하는 것일 뿐이다. 식민지의 대표들은 어떠한 발언권도 얻지 못했고 꼭두각시들만 미국의 이익에 부합되는 발언을 하였을 뿐이다.

필리핀에서의 이런 진행을 보면 한반도 남측에서 진행되었던 미 군정의 통치 형태와 판박이처럼 똑같다는 것을 알게 된다. 필리핀과 대한민국의 '주인공'들의 이름만 바꾸면 그대로 판박이이다.

1942년 12월에 미 세계문제연구소는 조선의 신탁통치 의견을 담은 보고서를 루스벨트 대통령에게 제출했고, 1944년 11월에 루스벨트는 조선의 신탁통치를 주요 실행과제로서 검토하도록 지시하였다. 1945년 8월 8일 소련이 일본에 대해 선전포고를 하고 8월 9일 만주국을 공격하여, 12일에는 조선의 최북단 나진을 해방시킨다.

소련의 일본에 대한 선전포고는 독일을 패퇴시키고 3개월 안으로 대일전쟁을 개시하겠다는 약속을 1944년 10월에 이미 하였고, 얄타회담에서도 이를 재확인하였던 사항이었다.

예상보다 무척 빠른 소련의 진군에 당황한 트루먼 대통령은 조선을 단독으로 점령할 계획을 포기하고, 마샬 총장에게 조선의 항구 하나라도 점령할 계획을 수립하라고 긴급지시하게 된다.[49]

미국 3성조정위원회(국무성·전쟁성·해군성)의 실무자 본스틸 대령과 러스크는 한반도의 38도선을 기준으로 미국과 소련이 분할 점령하는 안을 다급하게 트루먼에게 제출하고, 미국은 이를 소련에 제안하였으며, 소련은 이 제안을 수락하고 선발대의 서울 진입을 중단시켰다. 동북아에 대한 소련의 우선권을 인정한 얄타 회담의 기본 취지를 들어 미국의 38선 분할 계획을 거부하였어도 이를 제재할 명분과 군사적인 수단이 없었는데, 소련은 한반도의 점령보다도 러일전쟁 때 빼앗긴 영토 회복에 관심이 컸다.

1945년 8월 21일 맥아더는 조선 총독 아베에게 미군이 점령할 때까지 일본군은 무장을 유지한 채 조선을 통치하라고 명령함으로써 조선 총독부와 건국준비위원회와의 주권환수 작업을 파기시켰다.[50]

더글라스 맥아더 미 총사령관은 포고령 제1호의 전문에 "본관의 지휘를 받는 승리에 빛나는 군대는 오늘 북위 38도선 이남의 조선 영토를 점령했다."고 하며 점령군임을 스스로 공포하고 군사 정부를 만들어 통치하였다.[51]

미국이 미리 점지한 이승만은 화려한 홍보 선전으로써 등장시켰지만 독립 투쟁에 앞장선 상해 임시 정부 요인들과 항일 민족 투사들은 배척하고 홀대하며 대중들과 분리시키려고 하였다.

실제로 상해 임시 정부에서는 미국의 합력을 기대하며 이승만을 임시 정부의 대통령 자리에 올려놓았더니 "없는 나라를 미국에 식민지로 넘기자."는 청원서를 몰래 미국에 제출한 것이 발각되었다. 임시 정부의 신채호 선생과 각료들은 분노하였으며 그중에는 "대통령 자리를 잘못 맡겼다."고 한탄하며 단식으로 목숨을 끊은 신규식 선생도 있었다.[52]

이런 분열 책동으로 인하여 이승만은 임시정부의 대통령직에서 탄핵되었고, 임시 정부가 일정 기간 와해되는 계기가 되었다.

미 CIA의 전신인 미 전략사무국(OSS)은 이승만을 "개인의 출세를 위해 필요한 요소라면 무엇이든 기꺼이 활용하는데서 일말의 가책도 보이지 않았다. 자만과 허영심 때문에 아첨이나 사리사욕에 너무 흔들리기 쉬웠고, 매우 얕은 지성을 가진 인물."이라고 평가하였다.[53]

무릇 미국이 점지하는 사람은 미국 제국주의의 하수인이며 해당 국가에서는 매국노들이었다. 민족을 사랑하고 국가를 독립시키고 부흥시키려는 민족주의 애국자는 미국의 눈에는 눈엣가시 같은 존재이므로 결코 점지하지 않는 것이다. 오히려 테러의 대상이었다.

"미국은 과거 대영 제국의 죄악들을 훨씬 능가하는 가장 악한 제국이다."

　　　　　　　　　　　　　　　　　- 캔터베리 성당 대주교 윌리암스

5.
점령국에서는 괴뢰 정권을 수립하고 민족주의자를 학살

1) 필리핀의 민족주의 민중 학살

필리핀의 독립 투쟁 세력이 1899년 1월 국가 수립을 선포하고 미 제국을 상대로 해방 투쟁에 나섰다가 아기날도 장군이 체포되면서 이들 독립군들은 대다수 궤멸되었으나 잔류 병사들이 독립 투쟁을 계속하니 1900년 12월 더글라스 맥아더의 아버지인 아서 맥아더 장군이 "필리핀인에게는 전쟁 규칙을 준수할 필요가 없다."는 내부 지침서를 하달하며[54] 저항 세력의 토벌을 명령하였다.

미군은 1901년 8월 11일 세 번째로 큰 사마르섬의 바탕가스 마을에 침입하여 부녀자를 강간하고 주민을 학대하였고 이에 저항하는 마을에는 식량 반입도 봉쇄하였다. 이에 분노한 주민들이 9월 27일 아침에 교회 종소리를 신호로 도끼와 칼을 들고 미군 캠프를 습격하여 미군 73명 중 48명을 죽이고 22명에게 중경상을 입히는 큰 저항을 하였다.

살아서 도망간 3명의 병사로부터 보고받은 스미스 장군은 부관에게 "사마르 전체를 초토화시켜라. 포로로 잡으면 귀찮으니 모두 죽인 다음 불태워 버려라. 되도록 많이 죽이는 것이 나를 기쁘게 하는 일이다.”라며 무차별 학살을 명령하였다. 아울러 필리핀 독립군에 대한 정보를 제공하지 않는 민간인도 모두 적으로 간주하고 사살해도 좋다는 '장군 명령 100호'를 하달한다.[55] 이는 링컨이 북군에 적대적이거나 비협조적인 민간인은 사살해도 좋다는 '장군 명령 100호'를 본뜬 것이었다. 그 결과 사마르의 수천 채 가옥과 수많은 민간인이 집단으로 학살되었다.

미군정은 한반도 남쪽을 점령하고 한반도에 '필리핀 모델'을 적용할 구상을 하였다. 필리핀에서처럼 미군정에 반대하는 세력들을 겨냥한 내부 치안 확립이 군대와 경찰의 주 임무로 주어졌고, 하지 중장은 일제 식민지 시기의 법규들이 미국의 통치하에서 그대로 유지된다고 포고했다.[56]

미군정 당시 제주에서는 1947년 1년 동안 2,500명의 무고한 제주도민들이 검속되었고, 1948년 3월 6일 조천지서에서는 어린 조천중학생 김용철 군이, 3월 14일에는 모슬포지서에서 청년 양은하가 고문치사당하는 비극이 생겼다.[57] 이것이 도화선이 되어서 4·3 민중항쟁이 일어난다. 그런데 4월 3일 전까지 서북청년단 출신의 특채된 경찰 760명과 국방경비대 복장의 서북청년단 1,700명이 이미 투입되어 있었으니[58] 민중 폭동사태를 의도적으로 유발하려고 계획한 것이라는 주장도 있는 것이다.

제주 4·3 민중항쟁 때의 양민 학살과 여순항쟁 때의 양민 학살, 한국 전쟁 초기에 전국적으로 자행된 보도연맹 학살, 전쟁 중에 일어난 민간인 학살, 북한 지역에 대한 초토화 폭격 등을 아무렇지 않게 저지르는 잔혹한 미군들과 그 괴뢰들의 학살 행위는 이미 미국 원주민들을 학살하던 행위와 신생 독립국 필리핀의 바탕가스 등에서 저질렀던 악독한 행위와 마찬가지의 인종 청소인 것이다.

이런 미국인들의 심성에는 '다른 인종은 죽여도 좋다.'는 마음뿐인가? 이런 미국인들에게는 다른 인종들에 대해 가련함을 느끼는 마음이 없는 것인가?

'야만족에게 문명을 전해 주고, 하나님을 믿도록 인도하는' 사명을 행한다고 당당하게 말하는 미국인들과 '하나님 이름을 팔아 자원 침탈의 더러운 욕심을 채우는' 자칭 기독교 신자들의 파괴된 인간성을 예수님은 '가련하다.'고 말하지 않을까?

2) 칠레의 민주 정권 전복과 괴뢰 정권 수립

칠레는 270년간 스페인의 식민 통치를 받다가 1810년 9월 독립을 선언하였으나 19세기 초에 스페인으로부터 독립을 하게 되었고, 독립을 한 후에도 풍부한 자원을 노리는 영국과 미국의 침탈에 시달렸다.

1970년 대통령 선거에서 미국 정부의 집요한 방해 공작을 받던 살바

도르 아엔데가 대통령으로 당선되니, 미국 닉슨 대통령은 칠레가 제2의 쿠바가 될 수 있겠으니 아엔데 정부를 전복하라고 지시하였다.

1970년 9월 15일 닉슨 대통령, 키신저 보좌관, 헬름스 CIA국장이 참석한 비밀회의에서 칠레 군부에 1억 달러 상당의 현금과 고성능 무기 등을 지원하는 '푸벨트 작전'을 개시한다.

10월 16일 키신저의 명령에 따라 CIA 부국장 토머스 카라메신이 산티아고에 주재하던 CIA 칠레 지부장 헨리 헥셔에게 보낸 전문에는 "아엔데 정부를 쿠데타로 전복하는 것이 우리의 확고한 목표이다. (중략) 적절한 모든 수단을 동원할 것이다."라고 기록되어 있다.[59]

정치적 중립을 유지하는 칠레 육군 사령관 쉰드러(Rene Schneider Chereau) 장군을 먼저 살해한다.

쿠데타 3일 전인 1973년 9월 8일 산티아고 주재 CIA 칠레지부에서 본부로 보낸 보고서에는 "칠레 해군은 아엔데 정부를 전복하기 위하여 발파라이소항에서 거사를 치르기로 했으며, 칠레 공군도 가담하기로 했다. 육군 총사령관 피노체트 장군도 거사에 가담할 것이다. 거사일은 9월 10일 늦어도 11일이 될 것이다."라고 상세하게 적혀 있었다.

계획에 따라 미 해군은 9월 10일 밤, 해군 전함들을 발파라이소항에 정박시켜 무력시위를 하였고, 아엔데 대통령은 집무실 밖에서 들려오는 총성을 들으며 "역사가 반란군을 심판할 것이다. 칠레 만세!"라는 말을 끝으로 피노체트 일행에 의해 현장에서 살해되었다.[60]

이렇게 임기의 절반도 못 채운 1973년 9월 11일, 아엔데 정부는 전복

되었고 원조를 중단하였던 미국은 곧바로 3억 2223만 달러를 원조하며 반란군을 지지하였고, 피노체트 장군은 대통령이 되었다.

미국 CIA는 쿠데타 하루 전인 9월 10일, 좌파 지도자 3,000명을 포함해 학생, 민중운동가 등 2만여 명의 살생부를 쿠데타 세력에게 넘겨주었다.[61]

쿠데타가 발생하고 3개월 동안 살생부를 근거로 산티아고 국립 경기장에 끌려온 4만 여 명의 국민들을 분류하여 곧바로 처형하거나 모진 고문으로 죽거나 불구가 되었다.

칠레 의과대학에서 전국 병원을 대상으로 고문 피해자를 조사한 결과 20만 명의 민간인이 고문 후유증으로 치료받았다고 BBC 방송은 보도했으며, 라틴아메리카 인권단체 ILAS 역시 살인, 고문, 강간, 영구 실종 등 희생자가 약 20만 명에 달한다고 주장했다.

쿠데타에 반대한 카를로스 프라츠 장군 부부도 살해하였고 망명한 반체제 인사들도 미국 정보기관의 협조 아래 추적하여 살해하였는데, 아옌데 정부에서 외무장관을 지낸 올란도 레텔리에르를 워싱턴 시내에서 자동차와 함께 폭사시켰다.[62]

쿠데타 성공을 위해 칠레 현장에서 비밀 업무를 수행하던 공작원 맥도널드(Fedrico Willoughby Mcdonald)는 쿠데타 성공 후 피노체트의 공보비서가 되었으니, 공보비서가 미국 정부의 대리인으로서 피노체트 대통령을 조종하였음을 말해 준다.

"내가 지난 25년간 나의 조국 미국을 위해 한 일은 살인과 고문이
었다. 적의가 없는 민간인들을 네이팜탄을 이용해 산 채로 불태워
죽이는 것이었다."

- CIA 전 간부 랄프 맥그히

3) 과테말라의 민주 정권 전복과 괴뢰 정권 수립

300년간의 스페인 지배를 벗어나 중앙아메리카 연방을 거쳐 1840년
에 독립을 하였다. 연방 탈퇴 뒤에도 사대주의적인 매국 기득권층을
청산하지 못하였다.

1892년에서 1898년까지 집권한 레이나 바리오스 대통령은 미국계
대기업인 유나이티드 프루트(UFC)에 바나나 수출 독점권과 커피와 아
카바에 대해 시장 지배권을 주었고, 그 뒤를 이은 카브레라 대통령은
철도, 통신, 전기 등 국가 기간산업의 대부분을 UFC에 양도하였다.

이후 비옥한 농토를 빼앗긴 민중들은 UFC의 저임금 노동자로 살며
UFC가 책정한 비싼 공공요금에 시달리며 영양실조와 질병으로 처참
한 삶을 살아갔다.

1944년 아르벤스 대위 등 하급 장교들이 중심이 된 군사혁명이 성공
하여 독재자 유비코 장군과 그 일당들을 숙청하고 최초의 민선을 실시
한다. 유비코 정권에 의해 14년간 해외에서 추방 생활을 하던 아레발
로가 유권자 85퍼센트의 지지를 받으며 1945년 3월에 취임하여 사회

제도를 개혁하고 인권을 신장시키며 노조 설립을 지원하는 등 기독교적 사회주의 정책을 실시하였다.

제2대 민선 대통령이 된 아르벤스 대통령은 매판 자본이 잠식한 국가 기간산업을 국유화하였고, 인구 2퍼센트가 국토의 70퍼센트를 장악하고 있던 토지의 개혁도 단행하였다. 경작 가능한 국토의 42퍼센트인 1만 2000제곱킬로미터를 차지하고 있던 UFC의 토지 중에서 휴경지 947제곱킬로미터를 유상으로 수용하였다.

보상금은 UFC가 자진 납부한 토지세를 근거로 책정하였는데, UFC를 대신한 미국 정부는 보상 금액의 25배를 요구하며 수용을 거부하였다.

그리고 미국 정부는 아르벤스 대통령이 공산주의자라며 전복 공작을 계획한다. 1951년 트루먼 대통령이 아르벤스 정권 전복과 아르벤스와 핵심 요인들의 암살 공작인 '피비 포츈(PB Fortune)'을 승인하고 그 책임자는 UFC의 대주주인 국무장관 존 덜레스와 그의 동생인 알렌 덜레스 CIA 국장이 관장한다.

1952년 4월 아르마스에게 무기와 착수금 22만 5,000달러를 주었고 작전을 일시 취소하여도 반군 게릴라는 유지하도록 지시하였다.[63]

1953년 8월 아이젠하워 대통령에 의해 '피비 석세스(PB Success)'로 재계획되며 270만 달러의 특별 예산을 배정한다. 미국은 과테말라 정부에 대한 해상 봉쇄를 실시하고 검문을 하며 또한 '자유의 소리' 방송과 전단지 살포 등 혼란을 야기한다.

1954년 6월 중순 과테말라에 잠입한 아르마스와 게릴라들은 과테말라군 사령관을 만나 아르벤스의 제거에 협조하라고 종용하고, 군부의 기회주의적 태도를 알게 된 아르벤스 대통령은 6월 하순 비통한 고별 연설로써 사임하게 된다.

아르벤스는 유럽과 중남미를 전전하였으나 망명처를 구하지 못하다가 멕시코의 한 여관 욕조에서 의문의 자살을 한다, 뜨거운 물이 담긴 욕조에 실수로 빠져 자살하였다는 것이다. 아끼던 딸 역시 6년 전에 의문의 자살로 잃었다. [64]

반란이 성공한 1954년 7월, 아르메스는 국회를 해산하고 반공법을 제정하여 아르벤스에 협조하던 수많은 사람들을 공산주의자로 매도하여 학살한다. 그리고 아르벤스 정부에서 영세농가에 나누어 준 토지를 환수하고, UFC 소유의 휴경지도 돌려주었고 국가의 기간산업도 UFC 등 매판 세력에게 되돌려 주었다.

1950년대 중반부터 1990년대 후반까지 약 36년 동안 군부의 잔혹한 고문과 학살로 20만 명의 민간인이 희생되었다. 미국 정부는 과테말라 민간인 학살에 개입해 온 사실을 부인해 왔으나, 과테말라에 대한 비밀작전(Snow Job)의 문건들이 1997년 5월 공개됨으로써 그동안의 부인이 모두 거짓이었고 학살에 직접 개입하였음이 밝혀졌다. [65] 1999년 3월 클린턴 대통령은 과테말라 군부의 인권 유린 행위를 지원해 온 미국의 과오를 공식적으로 사과했다.

"나는 33년이라는 긴 세월 동안 독점 자본가와 월스트리트의 은행
자본가들을 위해 고급 폭력배로 일했다. 브라운 브라더스 국제금
융회사를 위해 니카라과를 청소했고, 설탕업자를 위해 도미니카를
점령했고, 시티은행을 위해 아이티와 쿠바를 손보아 주었다."
                               – 미 해병대 예비역 장군 스메들리 버틀러

4) 이라크의 민주 정권 전복과 괴뢰 정권 수립

이라크의 카심 대통령이 1963년 축출되고 살해되었다. 그리고 카심
대통령을 지지하던 반미 노선 지지자들 5천 명의 살생부 명단을 쿠웨이
트 CIA 작전지휘소에서 무선으로 이라크 쿠데타 군부에 통보하였고[66],
이들 5천 명은 구속되고 살해되었다.

그리고 1968년 후세인은 미국의 지원을 받으며 쿠데타를 성공하여
혁명평의회 부의장을 거쳐 대통령이 된다. 그리고는 1980년 9월 22일,
미국의 명령에 따라 미국으로부터 받은 생화학 무기까지 사용하며[67]
이란을 침공하여 1988년 8월 20일까지 무려 8년간 전쟁을 한다. 이 세
균 무기와 신경가스의 탓으로 1만여 명의 사람이 죽거나 불구가 되었
고 그 후유증으로 사망한 사람이 12,000명이 넘는다고 이란 정부가 공
식 발표하였다.

이 같은 이란 공격은 친미 노선의 부패한 팔레비 국왕을 내 고 정
권을 장악한 호메이니 혁명군이 자주적인 반미 노선을 취함에 따라
미국의 석유 이권이 위축되는 것을 참지 못한 까닭인데, 미국의 허수

아비인 후세인을 앞세우고 대리전쟁을 일으켜 미국인은 한 명도 죽지 않고 이란인과 이라크인만 죽어 가며 서로 국력을 쇠하게 하려는 흉계였다.

1907년 영국이 막대한 석유 매장량을 가진 오스만 제국의 메소포타미아 지역(이라크)의 토후 무라바크 알사바로부터 영구 조차 형식으로 할양받은 다음 쿠웨이트라는 이름의 독립국으로 만들어 석유 이권을 독차지하고 있었는데, 후세인이 1990년 8월 2일 침략하고 8월 8일 쿠웨이트 합병을 선포하였다.

쿠웨이트의 실질적 대주주인 거대 석유 자본가 집단의 힘을 모르는 어리석은 행동 탓도 있었으나 후세인의 쿠웨이트 침공 계획을 보고받은 미국은 묵시적으로 승인하는 듯 처신하였다.

후세인의 군대 10만 명은 쿠웨이트와의 접경지대인 바스라에 집결하고 단지 2천 명이 국경을 넘어 진격하였는데, 미국은 20~30만의 이라크 군인이 쿠웨이트를 침략하고 무자비하게 유린하였다고 선전하였다. 심지어 병원 인큐베이터 안에 있는 신생아를 병원 바닥에 내동댕이쳤다고 대대적으로 선전하였고, 이런 사실을 목격하였다며 의회에서 증언한 15세의 소녀는 실제로는 주미 쿠웨이트 대사의 딸 '나이라'였으며 이전부터 줄곧 미국에 살고 있었다는 것이고, 여러 차례 리허설까지 했다고 한다.[68]

미국은 사우디에 군대도 파병하며 유엔총회를 통해 통상금지 결의

안도 통과시켰다. 미국에 거주하고 있었던 15세 소녀의 이런 거짓 증언도 동원하며 침략의 정당성을 조작한 뒤 1991년 1월 이윽고 '사막의 폭풍작전'을 펼쳐 바스라에 주둔하다가 바그다드로 돌아가는 고속도로 위의 이라크 군인을 학살하였다. 고속도로 약 100킬로미터는 군인들과 난민들의 무덤이 되었고, 불타고 부서진 탱크와 차량들이 줄을 이었다.

그리고 도로, 전기, 통신 심지어 댐도 폭격하였다. 아울러 민간인 거주 지역과 병원, 학교까지 모두 파괴하였다. 또한 우라늄 폭탄도 사용하였다. 생존자들은 오염된 강물과 촛불로 버티다가 추위와 굶주림 속에 병들어 죽었다.

이후 유엔과 관련 기관의 조사에 의하면 최소 100만 명이 희생되었는데 이 중 60만 명 이상이 5살 미만의 어린이라고 했다. 경제 봉쇄 조치로 인한 그 이후의 사망자까지 보태면 훨씬 많아지고 300~800톤에 달하는 방사능 찌꺼기가 토양과 대기와 물을 오염시켰다.[69]

2003년 1월 미국 의회에서 콜린 파월 국무장관이 대량 살상 무기인 독약 '리신'이 이라크에서 발견되었다며 '리신'이 든 병을 흔들며 이라크 침공의 지지를 부탁하였다. 그리고 2003년 3월 20일 '대량 살상 무기 은닉', '알카에다를 비롯한 국제 테러조직과의 연계', '인권 탄압'을 명분으로 제2차 이라크 침공을 감행한다.

제2차 이라크 침공의 구실 중의 또 하나인 핵무기 개발 의혹은 국제

원자력기구와 유엔 무기 사찰단에 의해 사실무근임이 이미 밝혀졌고, 러시아는 물론 프랑스조차 침공을 반대하였는데 미국은 오히려 프랑스를 압박하였다. 후세인도 무제한적인 무기 사찰을 수용하겠다며 사실상 항복 선언을 하였으나, 미국은 아무런 거리낌 없이 그대로 이라크를 침공하였다. 그리고 후세인은 제거되었고 이라크의 석유는 미국이 독점하였다.

2008년 6월 미 상원 조사 위원회에서 발표한 보고서는 부시 행정부가 주장했던 명분들은 모두 허위임을 확인했다.[70]

현재 이라크는 미국의 괴뢰 정부가 통치하고 있는데 여러 파벌의 분쟁으로 내란 상태에 빠지고 백성들의 삶은 완전히 망가지게 되었다.

필요하면 발탁하여 머슴으로 부려 먹으며 미운 나라를 침공하도록 사주하여 두 나라 모두 망가지도록 하고, 세월이 지나서 더 이상 고분고분하게 따르지 않으면 헌신짝처럼 제거하는 것이다.

"국제 사회의 정의와 평화를 파괴하는 범죄는 2차 대전 이후부터
본격화된 미국의 대외 정책에서 기인한다."

– 미국 전 법무부장관 램지 클라크

5) 기타 여러 나라의 사례

아르헨티나, 니카라과, 엘살바도르, 콜롬비아, 베네수엘라, 브라질,

파라과이, 우루과이, 이란, 리비아, 콩고, 소말리아, 인도네시아 등등 이러한 사례가 수십 건이나 되니 더 언급하기도 어렵다.

자세한 내용은 참고도서인 황성환 선생의 역작『제국의 몰락과 후국의 미래』를 읽어 보길 권한다.

그리고 아프가니스탄 등 여러 분쟁 지역에서 반정부 테러 활동을 했던 무자헤딘 조직, 알카에다 조직, ISIS 테러조직은 미국이 만들었다고 힐러리 클린턴이 2011년 12월 CNN에서 자랑스레 이야기하였다.

그리고 오바마 대통령이 ISIS를 무장시켰다는 미국 국방정보국(DIA) 폴린 장군의 증언도 있었다.

"지구상에서 일어나는 모든 폭력의 원천은 우리의 조국 미국
이다."

- 마틴 루터 킹 목사

　　　　　　　우크라이나와 러시아 특수 군사 작전 그리고 푸틴 대통령

6.
언론을 통한 우민화(愚民化) 정책

"미국의 파시스트들은 폭력을 사용하기 전에 먼저 언론망에 독약
을 넣는다. 대중에게 진실을 제공하지 않는다."

– 1944년 미국 부통령 헨리 월레스[71]

금융독재의 경제학을 만들어 준 밀턴 프리드먼의 친구인 경제학자
찰스 가브(Charles Gave)는 "신좌파가 만들어 온 세계화의 환경에 힘입어
금융독재의 친위혁명이 세계로 번졌다."고 말하며, "클린턴 이후 거대
은행 3개가 한데 모여 미국을 장악했어요. 범죄 집단인 마피아가 미국
을 장악한 겁니다."라고 밝혔다.

1930년대의 루스벨트는 금융자본을 금산분리 정책을 통해 관리했는
데, 1994년 빌 클린턴은 금산분리를 철폐함으로써 금융독재시대를 공
식화했다. 대출과 투기 등 금융만능시대가 시작되었다.[72] 런던시티와
뉴욕의 월가가 연합하여 이끌어 가는 금융 제국주의인 것이다.

금융 독재는 금융과 군사와 정치 활동만으로 유지되지 못하므로 자

유, 민주, 인권이라는 개념이 모호한 언어를 사용하는 '문화'를 만든다.

대학교수와 언론을 부려 학술 조작과 미디어 조작을 한다. 조작된 학술을 미디어가 가공하고 새로운 문화인 듯 멋지게 포장도 하여 대중에게 퍼뜨린다.

재벌의 학술, 언론, 문화 재단들이 대학도 설립하고 또 지원도 하며, 미디어 기업을 사 들이고, 학술 행사나 문화 행사를 하면서 관련 인사들을 매수하고 포섭하여 재단의 네트워크 아래에 거느리는 것이다.

이 네트워크 아래에서 부패하거나 비판 의식 없는 교수, 저술가, 언론인, 문화인들이 이들의 하인으로 작은 단물을 빨고 살아가면서 대중들 앞에서 유식한 듯 으스대면서 '결함 많은 자본주의 체제가 가장 좋은 질서'라고 대중을 끝없이 속이는 것이다.

미국에서 트럼프 후보가 멕시코와의 국경으로 통제 없이 물밀듯 들어오는 불법 이민자들의 문제를 언급하며 "불법 이민자들에 의해 미국인의 피가 오염된다."고 연설하니, 미국의 거대 언론사들은 '불법'이라는 말은 빼고 "이민자들에 의해 미국인의 피가 오염된다."고 대서특필하며 '히틀러 같은 인종주의자'라고 흠집 낸다.

한국의 거대 언론사들의 보도 형태도 이와 다르지 않다.

즉, 이권을 나누어 주는 거래하기 좋은 정치인이나 대통령 후보는 감싸 주고, 거래하기 어렵고 자주적인 대통령 후보는 배척하고 탈락시키려는 탐욕적인 자본 세력의 술수가 넘쳐난다. 미국의 명령을 잘 따르

우크라이나와 러시아 특수 군사 작전 그리고 푸틴 대통령

고 미국의 이익을 위해 복무하는 정치인은 민주주의 지도자로 거대 언론사들이 띄워 주는 반면, 미국 기업의 부당한 이익을 방해하며 자국의 이익을 우선시하여 미국 정부의 명령을 잘 따르지 않는 정치인은 부패한 독재자로 흠집 내어 제거하는 것이 오늘날 미국의 전형적인 정책인 것이다.

남미의 경우에서 잘 보듯이 폭압적인 친미 군사 정권은 모른 체하며 지원하고, 민간 기업이 소유한 토지를 유상으로 매입하여 소작농민에게 분배하는 토지 개혁 정책을 펼치거나, 전력이나 상수도 같은 공공의 기간산업을 국유화하여 공급 가격을 낮추려 하는 민주적이고 민족주의적인 지도자는 부패한 지도자나 독재자로 몰아붙이는 것이 미국 정부와 다국적 기업에 빌붙어 단물을 빨아먹는 언론의 모습이다.

영국은 제1차 세계대전 당시에 정보부를 만들어 독일의 전쟁범죄에 대해 공포와 증오심 그리고 응징의 마음이 일어나도록 뉴스를 제작하고 배포하여 연합국 국민들의 마음을 그릇 인도하였고 또 미국 국민들의 마음도 움직여 참전을 반대하는 여론을 억압하여 결국 참전하도록 유도하였다.

또 미국은 윌슨 대통령 당시 공공정보부를 설립하여 미국 국민들이 독일을 증오하도록 민중을 속이는 가짜 뉴스를 양산하였다. 레이건 대통령은 공공외교국을 설립하여 거짓 여론과 거짓 뉴스를 만들고 언론에 배포시켜 전 세계적으로 민중들을 속였다.[73]

CIA는 당연히 이런 거짓 뉴스를 기획하고 연출하였으며, 무대 분장과 무대 장치까지 세우고 상대방 병사로 꾸며진 배우들을 출연시킨 영상을 유포시켰다.

흉계를 꾸미고 막다른 골목까지 몰아넣으며 협박과 주먹질을 한 다음, 상대방이 어쩔 수 없이 반항을 시작하면 곧바로 침략자요, 침략전쟁을 일으켰다고 언론 공세를 퍼붓고, 허수아비 지식인, 시민단체, 종교인들을 동원하여 선전, 선동을 확산시킨다.

선전, 선동의 논리가 빈약하고 엉성해도 신문의 제목으로 뽑아놓고 반복적으로 떠들면, 바쁜 직장인들과 대중들은 곧이곧대로 받아들인다. 그리고 대부분의 사람은 다수 의견에 무비판적으로 동조한다.

장자가 "시장에 호랑이가 나타났더라는 말을 세 번 전달하면 누구나 믿는다."고 하며 대중들의 어리석음을 말하지 않았던가.

푸틴 대통령의 발언도 앞뒤의 문장을 잘라서 특정 단어만 부각하면 핵폭탄을 사용하려는 악마처럼 능히 보이게 할 수도 있다.

이처럼 정부 주도의 선전, 선동 행위는 진실을 감추어 버리고 가짜 뉴스만 모든 언론 매체에 울려 퍼지도록 하므로, 결국 부화뇌동하는 꼭두각시들만 가득한 세상이 되었다. 진실을 파헤치려는 소수의 탐사 전문 기자들과 학자들의 목소리에 귀 기울이며 다양한 정보를 균형 맞게 알려고 노력하는 사람이 아니고는 알기 어렵게 되어 버렸다.

심지어 평화 세상 건설의 마지막 보루인 종교인들은 밝은 눈으로 진실을 알아 혼탁한 세상의 등불이 되고 죽비가 되어 민중들을 바른 길로 인도하여야 하는데, 오히려 세상의 진실에 무지하여 정의롭지 못한 대세를 추종하면서 민중들을 잘못된 길로 인도하고 있다.

언론에 보도되는 "누가 누구를 침공했다."라는 선전, 선동에 미혹되어 전후 사정을 세밀히 알지도 못하면서 편협하고 단순한 도덕심으로 공개적으로 비난성 발언하거나 또는 신문 매체에 비난의 글을 올리는 등으로 착한 시늉하는 사람들이 대부분이다.

또는 정의롭지 못하다고 세상을 향해 버럭 소리치며 죽비를 내리쳐야 함에도 입 다물고 있는 자신의 비굴함을 '사리를 아는 원만한 처신'이라고 포장하며 자기 위로로 삼는다.

정의로운 탐사 전문 기자나 뉴스 진행자가 주류 언론사에서 쫓겨 나가는 일은 왜 일어나는가?

2010년 1월 21일에 미국 대법원에서 '법인은 개인과 마찬가지로 정치적 견해를 언론을 통해 표현할 수 있으며 법인인 기업의 자금이 그 정당에 직접적으로 들어가는 것이 아닌 한 정치 활동에 대해 자금의 지출을 허용'하는 시티즌즈 유나이티드(Citizens United) 법을 판결하였다. 이런 판결은 탐욕스런 대법관이 친구인 상공회의소 의장에게 '법원에 로비하는 것이 더욱 효과적'이라고 편지 보낸 결과물인데, 이 판결은 더 많은 자본을 가진 사람이 정치적으로 더 많은 표현의 자유를 갖게 된다는 의미이다.

이로써 기업이나 이익단체는 그들이 원하는 후보를 지지하거나 또는 낙선시킬 의도의 광고비 명목으로 정치자금을 무제한 기부할 수 있게 되었다.[74]

이 판결에는 미국 국적이 아닌 외국 기업이라도 정치활동위원회 (PAC)라는 민간단체를 통하면 익명으로 기부금을 낼 수 있는 항목도 있었으므로 해외의 어느 기업이든지 미국의 정책을 위해 돈을 사용할 수 있게 되었다.[75]

이 결과 2006년 중간선거에서는 6,800만 달러였던 정치 자금이 2010년 중간선거에서는 무려 3억 400만 달러나 모금되었다.[76]

또한 언론사는 개인이나 정당에 대해 정치적 지지 선언을 하는 기업으로부터 막대한 광고 수입을 얻게 되며 그 광고주에 예속되어졌다. 2008년에 5억 달러였던 선거 광고비는 2012년에 8배 이상인 42억 달러로 치솟았다.[77]

그리고 전체 선거 광고의 90%가 상대 후보를 중상모략하는 흑색선전이 차지했다.[78]

따라서 기업의 이익을 제한하려는 정치인들은 이 거대한 언론의 광고 세례를 견디지 못하고 주저앉게 되어, 기업의 공정하지 못한 영업 형태를 비판하거나 언론사의 편파적 보도를 개혁하려는 정치인은 미국 정계에 더 이상 발붙이지 못하는 막장 같은 상황이 되었다.

미국의 거대 언론사들은 대부분 유대인들의 소유이다.

1907년 시어도어 루스벨트 대통령이 기업이 시장에서 공정한 규칙을 준수하도록 강제하여 경제적인 번영을 누리려고, '선거에서 기업의 후원을 금지하는 틸먼법'을 통과시킨 이후 100년이 지나 '기업의 선거 개입 금지'라는 기본 토대가 법적으로도 확실하게 붕괴되었다.

이로써 미국의 민주주의는 죽었고, 미국은 더 이상 민주주의 국가가 아니다.

미국의 민주주의는 탐욕과 부패로 썩었다.[79]

그런데도 미국은 다른 힘없는 나라에 대하여 아름답지만 개념이 모호하여 정의 내리기 혼란스러운 단어인 '자유'나 '가치'나 '민주주의'를 강요하고, 총과 미사일로 위협하고 강제하며 또는 군대를 파견한다.

미국에는 "하버드 대학 졸업생과 예일 대학 졸업생이 한 시간 내내 토론하여도 말이 통하지 않는다. 말이 통하지 않는 이유는 두 사람이 사용하는 단어의 정의(定義)가 서로 다르기 때문이다."는 속담이 있다고 한다.

그렇다.

'자유'나 '가치'나 '민주주의'나 '규칙에 근거한 질서'라는 아름다운 말은 개인 간에도 획일적으로 정의(定義)되지 않으며 나라 간에도 획일적으로 정의되지 않는다. 강대국이 일방적으로 규정하니 약소국은 어쩌지 못하여 따르는 것일 뿐이다.

강대국의 자기 이익에 따라 규정하는 정의(定義)가 모든 약소국들에게 공평하게 적용되는 정의(正義)는 아닌 것이다.

미국의 선의(善意)가 약소국에게는 지옥일 수 있는 것이다.

정부가 감추고 거짓으로 선전, 선동하는 가짜 뉴스를 밝게 분석하며 추적해 가는 일은 어려운 일이다. 대부분의 가짜 뉴스는 치밀하게 연출되어 촬영되고 확산된다.

오래된 다른 곳의 사진을 지금 일어나는 학살 현장이라고 거짓 선전하거나 가짜 증인을 내세워 실제 피해 현장의 생존자인 듯이 인터뷰한다.

심지어 상대방 국가의 전투병 군복을 입은 상태로 민간인들에게 학살을 저지르고는 그 잘못을 상대방 국가에 뒤집어씌우는 일도 매우 흔하게 써먹는 '위장깃발' 방법이다.[80]

이런 사악한 선전, 선동이 정부 또는 기업과 연계된 민간 연구소나 거대 언론사들을 통해 유포되므로 대부분의 민중들은 진실이라고 믿는 경향이 있다.

유명한 예로는 우크라이나 전쟁에서 러시아의 공격으로 부상당한 소년이라며 널리 알려진 사진이 있었는데, 사실은 9년 전에 출판된 소설책의 표지 사진이라는 것이다.

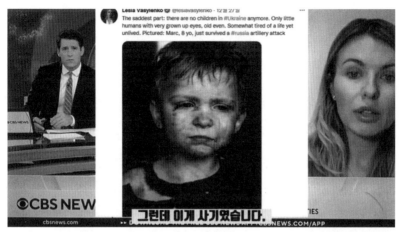

〈사진 1〉 피해 아동의 사진(박상후의 문명개화, 화면 갈무리)

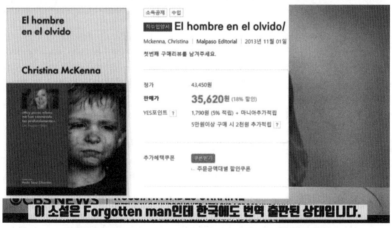

〈사진 2〉 아동의 소설 표지(박상후의 문명개화, 화면 갈무리)

또 다른 예로는 30년 전에 유고슬라비아를 해체하려는 미국의 공작 과정에서 일어난 보스니아 스레브레니차 학살 사건이 유명하였다.

보스니아의 세르비아인을 대표하는 보스니아·세르비아군(BSA·스르 프스카군)이 1995년 7월 11일 스레브레니차 도시를 별 저항도 없이 점령한 뒤 며칠 동안에 무슬림 남성 주민들 8천 명을 학살했다는 스레브레니차 학살 사건이 이것이다.

서방 언론들이 널리 보도한 것처럼 세르비아 군대가 저지른 학살이라고 알았는데, 30년이 지나 비밀 해제된 자료들이 하나씩 드러나면서 세르비아 군대가 저지른 학살이라는 '기존의 보도와는 다르다.'고 암시하는 자료들이 드러나고 있다.

캐나다의 외교관으로 주 유고슬라비아 대사를 지낸 제임스 비세트 (James Bissett)은 "1990년대의 보스니아 전쟁은 미국이 일으켰다."고 발언했다.

그리고 보스니아에 평화유지군으로 파견되었던 캐나다 정보장교가 본국 오타와의 국방 본부에 보고한 문건이 30년의 시간이 지난 2022년 2월 초 기밀 해제되었다.

이 문건에 의하면 "무슬림 군인(당시엔 단순히 무슬림 대원인줄 알았으나 나중에서야 CIA와 연결되어 투입된 무자헤딘 전투대원임을 알게 됨)들이 노르웨이 군복과 영국 군복을 입은 상태로 흰색 페인트로 유엔이라고 표시된 차량을 타고 다녔고 땅에 고성능 폭약을 묻은 뒤 폭파시켰다. 그리고는 세르비아의 공격이라고 주장하였다."라고 기록하고 있으며, **'이것은 타당하고 명백하게 무슬림 군인들이 은밀하게 조작한 사건'**이라고 보고하였다. "이렇게 무슬림 군인들이 보스니아인을 살해하고, 사라예보 공항을 공격한 뒤 세르비아의 공격이라고 하면, 세르비아군인들이 국제적으로 맹비난을 받을 것이기 때문에 그런 공작의 유혹을 받았으리라."고 보고했다.

　서방의 주장에 따라 널리 굳어진 내러티브 즉, 베오그라드의 밀로세비치 정권이 세르비아계 주민들을 부추기고 지시하여 보스니아 영토와 크로아티아 영토를 강제로 점령하려고 하였고, 고의적인 대량 학살로 무슬림을 숙청하려고 했다는 것인데, 이 캐나다 정보장교의 보고서에는 '**어처구니없어 코웃음 나오는 코미디**'라고 밝혔다. [81]

　여러 가지 수상한 CIA의 공작들이 있었다는 것인데, 아직 진실은 다 밝혀지지 않았다.

　그런데 최근 유출된 영국 국방부의 문건에서는 당시 영국 특수부대원들이 네덜란드 평화유지군 사령부의 합동위원회 옵저버(JCO)로 활동했는데 이들은 오직 영국 평화유지군의 마이클 로즈 장군의 명령에 따르며 '정찰 임무'와 '특수 임무'를 수행하였던 영국 최정예 대테러부대인 특수항공서비스(SAS)와 특수보트서비스(SBS) 부대 소속이었다는 것이다.

　또 네덜란드 전쟁문서 연구소(NIOD)가 작성한 공식 보고서에 '비밀리에 작전을 펼치고 있는 영국군이 있었고, 유엔 평화유지군 군복을 입고서 통신장비가 실린 구급차를 타고서 보스니아 동부 지역을 이리저리 다녔고, SAS 특수 작전을 수행'하였다는 것이다.

　그리고 영국 국방부는 스레브레니차 도시에 대한 보스니아·세르비아군(BSA)의 공격은 지난 3개월 동안 세르비아 군대의 보급로, 통신선에 대한 무슬림 군인들의 끊임없는 공격 바람에 촉발되었다고 하였다.

또 보스니아·세르비아 군대(BSA)가 7월 9~10일에 무슬림 거주지 스레브레니차 도시에 대한 침공 계획을 세웠는데, 이들이 침공한다는 사실을 영국 비밀정보국 MI6는 6월 말 미리 알고 있었다는 사실이 언급된 문서도 유출된 것이다. 그래서 MI6는 어떻게 미리 알았나, 공작이 아니냐는 의문이 증폭되고 있다.[82]

나토(NATO)군의 베오그라드 폭격 명분을 얻기 위한 무슨 증거조작 등의 공작이 있었던 것이 아닌지 의문이 증폭되고 있는 것이다.

이 스레브레니카 학살 사건이 일어나고 나토국들은 대대적인 선전활동으로 세르비아를 비난하며 여론몰이를 하였고, 한 달 뒤 1995년 8월 30일부터 9월 20일까지 나토(NATO)는 보스니아 지역의 세르비아군에 대한 폭격을 감행하였고, 1995년 11월 데이턴 협정으로 유고슬라비아 연방은 결국 해체를 맞는다.

노엄 촘스키 교수는 "국제정치학을 공부하고 싶으면 학술 문헌을 보지 마십시오. 마피아에 관한 책을 보면 됩니다. 국제 정치는 마피아처럼 돌아가니까요. 마피아 대부는 무력으로 자신이 하고 싶은 일을 하고 다른 약한 사람들은 공포에 질려 동의하는 것입니다."라며 탄식한다.[83]

7.
제국의 운영을 위한
검은돈과 마약 판매

제국을 운영하기 위한 수많은 분쟁과 대리전을 펼친다. 이를 위한 특수 공작이나 더러운 공작을 위해서는 막대한 자금이 소요되고 이 자금을 국가 예산만으로 쓸 수가 없다.

예산의 사용에는 의회의 검토와 승인이 요구되니 의회의 감시와 승인 없이 마음껏 사용할 수 있는 검은돈이 필요한 것이다.

이를 위해 독점적으로 사업 이익을 챙길 수 있는 비밀스러운 개인 회사를 설립하고 이 회사에 정부 부처의 수의 계약이나 대기업의 하청으로 일감을 몰아주도록 한 뒤 이 회사의 사업 이익을 공작금으로 사용한다.

독점 노선을 운행하는 선박 회사나 항공기 회사 등의 이런 부드러운 방법 이외에 양귀비를 재배하여 마약을 제조하고 유통하는 것이다.

남미에서 벌어진 콘트라게이트 이후 아프가니스탄의 텔레반에게 미군 무기를 바로 지급하면 미국이 개입한다고 국제적으로 비난받기 때문에, 구 소련제 무기들을 이스라엘 비밀조직이 암시장에서 구하도록

한 뒤 텔레반에게 지급하였다. 이 소련제 무기 구입 자금은 엄청난 분량의 양귀비를 제조하여 만든 마약의 판매 대금으로 충당하였다. CIA의 지도와 감시 아래 아프가니스탄의 농촌에서 양귀비를 대량으로 재배하고 제조, 판매하였는데 소련 내 마약 중독자들의 약 3분의 1이 아프가니스탄에 참전하였던 병사들이었다. 아편전쟁 당시 인도에서 재배한 양귀비를 중국에 팔아 중국의 국력을 고갈시켰던 것과 같은 전략이었다.

아프가니스탄에서의 양귀비 재배가 증가되자 나중에는 10살 이상 남자아이들은 누구나 쉽게 마약에 중독되었기 때문에 고학력의 지성적이던 텔레반 지도부들이 미국에 대해 반감과 환멸을 느끼게 되는 한 요인이 되었다.

베트남 전쟁 당시 CIA와 특수부대가 동남아시아의 헤로인 판로를 장악하려고 메오족(Meo)과 공모했던 사건도 있었다. CIA는 비밀 작전과 첩보 활동의 자금을 조달하려고 오스트레일리아의 누건 핸드 은행(Nugan Hand Bank)을 비롯한 일선 금융기업과 손잡고 마약으로 벌어들인 수입을 세탁했다.[84]

8.
내부적 요인으로
망해 가고 있는 미 제국

링컨은 미국을 국민에 의한, 국민을 위한, 국민의 나라라고 연설하여 우리나라의 순진한 학생들에게 감명을 주었으나, 그 자신도 그런 나라를 만들지 못하고 거대 자본가들의 희생양이 되었다.

주의회에 제출하기 전 단계의 법안 초고를 의원이 민간기업이나 기금 등과 함께 검토하기 위해 설립한 협의회인 미국 입법교류협의회(ALEC)가 1975년에 설립되었다. 매년 개최되는 협의회는 호화로운 호텔에서 이루어지며 소속 의원들의 숙박료와 식비 등 경비는 모두 ALEC에서 부담한다. 운영비 내역은 의원의 연회비가 100달러인 반면 기업의 연회비는 8,000달러에서 2만 5,000달러에 달하고 거기에 기부금이 더해진다. 따라서 협의회를 거친 법안은 모두 기업이 간절히 원하는 내용들이다.[85]

헤리티지 재단도 설립되어 거대 자본 세력으로부터 수백만 달러의 재정 지원을 받으면서 이들 자본 세력을 논리적으로 지원하는 싱크탱크 역할을 하고 있다.

1981년 레이건 대통령이 취임한 후 첫 번째로 승인한 법안은 최고한 계 소득세율을 70퍼센트에서 50퍼센트로 낮추고, 부유한 기업인에 대한 유산 상속세를 삭감하고 또 자본 이익과 기업 이윤에 대한 세금을 낮춘 것이었다. 그리고 몇 년 뒤 최고 소득세율을 28퍼센트까지 낮추었다. [86]

이 감세 조치로써 소득 상위 1퍼센트 그룹은 소득이 275퍼센트나 높아졌고 상위 0.1퍼센트 그룹의 소득 증가율은 이보다 더욱 높았으며[87], 국가 채무는 감세 조치 이전보다 3배나 높아졌다. [88]

시장에는 자본가들의 여윳돈인 '핫머니'가 유입되고 투기가 성행하며 인플레를 유발하여 중산층의 삶은 점차 피폐해지게 되었고 역사학자들은 "미국의 불평등이 로마 시대보다 더 심하다."고 평가하였다.

1986년 레이건은 관세를 인하하고 1988년 캐나다와 자유무역 협정을 맺었다. 이로부터 미국의 제조업이 해외로 빠져 나가고 실업자는 늘어났으며, 무역 적자는 기하급수적으로 늘어났다.

금융의 탈규제화로 인하여 다양한 방법으로 자본과 투자를 조작하여 높은 수익을 만들어 냈으며, 금융 산업이 해외로 자유롭게 진출하는 계기를 가지게 되고, 월가의 막대한 달러 지원에 힘입어 미국의 금융 산업이 세계적으로 우월적인 지위를 가지게 되고 막대한 이익을 얻는 계기가 되었다.

빌 클린턴 당선자가 대통령 취임식을 하기 몇 주 전에 당시 골드만삭스의 CEO였던 로버트 루빈과 앨런 그린스펀이 클린턴을 찾아갔고,

이 자리에서 자신들이 계획하는 국가 경제의 운영 방안과 금융 산업의 발전 방안을 설명하였고 빌 클린턴 대통령은 이들의 방안을 그대로 따라하여 금융 자본가의 어젠다를 착실하게 수행하였다. [89]

양심의 가책이나 사회 공동체에 대한 사명감이 없는 무능한 정치인, 경제인들이 국가의 부를 개인적으로 착복하고 또 기업에 대한 정부의 규제를 없애 자신들의 재산 증식을 더욱 쉽게 할 수 있도록 하였다.

이러한 금권 정치의 목적은 이들의 부를 지키는 것일 뿐이며, 이 금권 정치의 특징은 독점 체계를 만들어 경쟁 없이 어떠한 제재도 받지 않고 성장을 계속하는 것이다.

농업 부분은 4개 기업이 세계 곡물 무역의 90퍼센트를 장악하고 있고, 소고기 산업은 3개 기업이 전체 산업의 70퍼센트를 차지한다. 이런 시장에서는 경쟁이 없으므로 가격은 계속 상승하며 소수의 자본가에게 돌아가는 이익은 점차 늘어나고 민중들의 삶은 어려워져 간다.

미국의 국가 부채는 2019년 22조 7190억 달러이었으나 2022년에는 30조 8240억 달러이고 2023년에는 33조 달러이다.

금태환제의 폐지 이후 페트로 달러 체제가 유명무실해진 현재에도 막대한 규모의 달러 발행이 계속됨에 따라 달러의 가치가 급격하게 떨어졌고, 많은 나라에서 안전 자산으로서 보유하던 달러가 동맹국에서 조차 매각되고 있는 현실이다.

10년물 국채가 시장에서 더 이상 인기가 없고 오히려 6개월물 또는 1년물의 단기 국채가 더 선호될 만큼 미국의 장기적 경제 전망이 나쁘다는 평가이다.

또한 달러를 정치외교적 수단으로 악용하면서 SWIFT 결재 제도도 미국의 협박 수단으로 변했다고 많은 나라들이 판단함으로써, BRICS 국가들을 중심으로 달러 체재에서 벗어나 자국 통화를 사용하는 무역 거래가 대폭 늘어나고 있는 점도 미국의 달러 패권이 허물어지는 요인이다.

우크라이나전쟁을 후원하기 위해 미국이 사용하는 예산의 60~70퍼센트는 자국의 군수 산업체의 무기 구매를 위해 사용되고, 그러므로 오히려 미국의 산업은 발전하고 있다고 고위 정치인들이 공공연히 발언하고 있는 실정이다.

군수 산업체의 발전을 위해 우크라이나와 러시아의 이스탄불 평화 회담을 훼방 놓은 것이라는 주장이 설득력을 얻는 이유이다.

오늘날 미국은 거대 자본가의 나라이며, 거대 자본가를 위한 나라이며, 거대 자본가에 의해 움직이는 나라일 뿐이다.

역대의 재무장관은 월가의 골드만삭스 임원들이 도맡아 차지했고, 국무장관은 군수산업 업체의 CEO 출신이 맡았다. 다른 장관은 석유 재벌사의 임원이 맡았으니 미국의 실제 권력은 국민으로부터 나오는 것이 아니고 거대 자본 세력에서 나오는 것이다.

자본가 세력은 대통령 후보의 캠페인에 거액을 기부함으로써 선거의 당선에 영향을 주고, 후보가 거액 기부자들의 정책에 긍정적으로 합의하지 않으면 현금을 풀지 않는 방식으로 당선을 방해함으로써 결국 후보를 자본가의 꼭두각시로 만들어 갔다.

기업 활동을 위해 정부가 존재하였으며, 독점적인 권력을 가진 기업가의 나라임에도 외적으로는 대중 민주주의라고 포장하였다. 금융가와 기업인 출신이 대통령, 정부 요직과 국회의원이 되는 기업권력(Corporatocracy) 시대를 만들었다.[90]

인도를 갈취하던 '동인도 주식회사'의 현대판인 것이다.

유명한 저널리스트인 빌 모이어스(Bill Moyers)의 "미국의 민주주의는 이제 그 기능을 못 하고 있다. 부와 권력과 거대 자본의 이익에 의해 위협당하고 있다. 미국은 아마도 운이 이제 다 한 것 같다."는[91] 탄식처럼 미국은 급격한 몰락의 문 안쪽에 벌써 들어서 있다.

『미국 문화의 몰락』의 저자 모리스 버먼(Morris Berman)은 미국이 "봉건 시대 같은 암흑기에 진입하였으므로 고대의 지혜와 가르침을 지키기 위해서는 수도승 계층을 만들어 (시대에 맞는 새로운 도덕을 부활시키고) 민중들의 정신을 올바르게 인도해야 한다."고 했다.[92]

9.
미국의 꼭두각시, 유럽 정치인들

제2차 세계대전을 통해 대영 제국은 무너졌다. 독일은 동독과 서독으로 분리되어 자멸했고 소련은 독일의 침략으로 약화되었으니 이제 미국은 유럽과 영국의 종속을 도모했다.

처칠은 이때서야 미국이 단독 제국주의를 원한다는 것을 알았고, 산업구조는 망가졌어도 금융 권력만은 살려 2인자 역할이라도 맡고자 했다.[93]

미국의 은행과 초국적 기업들은 마셜 플랜을 통해 독일과 유럽의 기업들을 인수 합병하여 유럽 재건 사업을 독점적으로 수행했고, 독일의 6대 금융기업이 미국 경제의 지배 속에 들어갔다.

그리고 미국은 유럽의 군대를 북대서양조약기구(나토)로 묶어 군사적으로도 지배하려고 했고, 미국과 영국이 관리하는 나토 초창기 회원국들의 군사력은 형편없었으므로 독일을 나토 안으로 끌어들여 미국의 손아귀에 넣는 것이 최대의 목표였다.

그런데 좋은 핑계가 없었다.

전후 유럽의 공산당과 소련은 파시즘을 물리친 영웅 대접을 받고 있었으므로 공산주의 국가를 적으로 돌리는 지역 전쟁이 있다면 나토를 통한 유럽 지배로써 미 제국주의를 완성할 구실이 될 수 있었다.[94]

1946년 미국을 방문한 처칠은 '철의 장막' 운운하며 공산주의를 혐오하며 적개심을 부추길 작전을 개시함으로써 지성이 마비되고 야만이 판치는 매카시 광풍 시대를 열었고, 때맞추어 한국전쟁도 일어났다.

"한국전쟁은 냉전체제를 구축하는 데 절대적으로 긴요한 전쟁이었다."고 미국 브루스 커밍스 교수가 주장했고, CFR의 에버럴 해리만은 "한국전쟁은 'NAT'에 'O'를 넣어 'NATO'를 완성하는 일이었다."고 했다.

이처럼 나토의 완성을 통해 군사적으로 유럽을 통제하며 아울러 유럽연합을 도모한다.

유럽연합을 만들기 위해서는 각국의 민족주의, 무역장벽, 국경선, 중앙은행 시스템을 해체하여야 했다.

미국의 의도를 알아차린 프랑스 드골 대통령이 큰 방해가 되었고 영국과 미국에 철저히 비우호적이던 드골 대통령은 1963년 영국이 유럽경제공동체에 가입하는 것을 막았다. 그리고 1966년에는 나토로부터 프랑스 군대를 철수시켰다.

할리우드 영화를 통한 미국식 문화의 영향과 미국 정보기관들의 지원에 힘입은 학생운동과 여성운동은 민족주의자이던 드골 대통령을

1969년 국민투표에서 패하게 만들고 사임하게 한다.

그리고 프랑스 중앙은행은 1973년에 민영화되었다.

마지막 남은 대국 프랑스의 금융을 장악한 미국은 유럽연합완성의 목표를 향해 거침없이 나아갔다.

드골은 회고에서 학생운동 자금이 CIA, 대만, 이스라엘에서 출발하여 스위스로부터 건너왔다고 했다.[95]

언론인 에번스 프리차드(Evans Pritchard)는 "1950년대와 1960년대 미국 정보기관들이 유럽 통합 운동에 돈을 대 주고 조직을 이끌었다."고 밝혔다.[96]

유럽연합의 각종 정책 입안과 집행을 담당하는 유럽 집행위원회는 가장 핵심 조직인데, 골드만삭스 같은 은행 경영진들이 모여 있고 이 집행위원회 위원들은 비선출직이다.

유럽의회는 거수기 역할뿐이다.

2012년 경제 위기 이후 그리스 루카스 파파데모스 전 총리, 페트로스 크리스토돌루 채무관리처 책임자, 이탈리아 마리오 몬티 전 총리, 안토니오 보르게 IMF 유럽 책임자, 마리오 드레기 유럽 중앙은행장 등 금융 정책을 결정하는 사람들은 모두 골드만삭스 출신들이며, 골드만삭스가 하는 일의 반은 공직에서 물러나는 인맥 좋은 정책입안자를 데려오는 일이고 나머지 반은 골드만삭스 졸업생들을 정부로 보내는 일이다. 이처럼 유럽의 정치계와 경제계를 금융독재자들이 장악하고 있다는 것이다.[97]

신자유주의의 레이건, 빌 클린턴뿐만 아니라 영국의 마가렛 대처, 토니 블레어, 프랑스의 조르주 퐁피두와 에마뉘엘 마크롱, 독일의 게르하르트 슈뢰더 등도 월가의 금융회사 골드만삭스와 거대 언론사들의 작업이다. 세계 5대 미디어 회사는 모두 월가의 금융독재자들이 지배하고 있다.[98]

독일 정부가 러시아의 값싼 에너지를 안정적으로 공급받기 위해 독일 정부가 투자하고 러시아 가스회사와 같이 10여 년간의 세월 동안 건설한 노르트스트림 1, 2관로의 덕택으로 독일의 제강 제철에 연관된 중공업의 눈부신 발전이 있었다. 이 발트해 해저에 부설된 가스관로가 2022년 9월 파괴되었다.

탐사보도 전문기자 시모어 허시(Seymour Harsh)는 미국 해군의 다이버들이 이 노르트스트림을 파괴했다는 증거를 확보했다고 폭로하였다.

이 가스 관로의 파괴로 인해 독일은 미국으로부터 4배 정도의 높은 가격으로 석유를 구입하고 있으므로 에너지 소비가 높은 산업부터 파산하게 되었다. 제강 제철 산업, 중화학 공업을 비롯하여 전국적인 규모를 가진 제빵 회사까지 줄줄이 도산하고 있고, 자금 여력이 있는 상당수의 공장들은 중국으로 이전하고 있다.

가스 관로의 파괴에 대해서 한마디도 하지 않는 독일 숄츠 총리는 미국 금융재벌의 1등 꼭두각시 총리가 아닐 수 없다.

영국의 전 총리 보리스 존슨과 현 수낙 총리도 마찬가지이다.

골드만삭스 전 임원 출신인 프랑스의 마크롱 대통령도 마찬가지인데 이번에 아주 젊은 남자인 동성애자 총리를 임명하였고, 이 동성애자 총리는 해외여행의 경험밖에 없는 자신의 동성애 남편인 사람을 외무장관으로 임명하였다.

프랑스 핵발전소용 우라늄을 아주 헐값으로 가져오던 아프리카 니제르의 반프랑스 민심도 돌이킬 수 없는 지경이라 주둔하고 있던 군대도 추방당하고 있고, 우라늄을 더 이상 헐값으로 가져오지 못하는 위급한 상황 속에서 외무장관 인선을 이렇게 하는 것을 보니 프랑스의 미래도 어두울 모양이다.

기초과학의 육성이나 기업의 장기적인 설비 투자 같은 미래적 투자보다는 단기적 수익에 집착하는 금융 세력의 속성과 우크라이나 전쟁에 따라 이제 유럽의 경제 성장률은 0.2퍼센트 정도로 추락하고 있다.

제국주의 시대처럼 약탈에 의존한 성장이 이제는 더 이상 통하지 않는 만민(萬民) 인권 평등(人權平等)과 만국(萬國) 주권 평등(主權平等)의 새 세상이 왔는데도 아직도 식민지 지배라는 허망한 옛 꿈을 꾸고 있다.

한국의 거대 매판 언론사들이 일심동체가 되어 보호막을 쳐 주어 겨우 당선시킨 부패하고 무능한 대통령도 역시 미국이 그들의 앞잡이인 매판 언론사를 조종하여 만든 작품이라고 매우 합리적으로 의심하고 있다.

　미국은 오직 자신의 기득권 유지만을 위해 중국을 가상의 적으로 간주하여 경제적 견제를 하고 있는데, 이 목적을 위해 아시아판 나토를 기획하는 것으로 추정되는 한일 군사정보교류 확대와 한미일 군사동맹을 위해서는 부패하고 무능한 허수아비를 세워야 하기 때문이다.

　또한 러시아의 대유럽 가스 수출을 막아 러시아의 경제를 쇠락시키고 동시에 독일의 산업을 쇠락시키려는 발틱해 가스 수송관로 폭파처럼, 성장하고 있는 한국의 경제도 무능한 허수아비를 통해 주저앉히려는 모양이다.

3장

우크라이나 지역의
개략적 역사

1.
우크라이나 지역의 역사 논쟁

우크라이나와 러시아, 벨라루스가 형제국이라고 하는데 우리에게는 생소한 이들 나라의 역사적, 종교적 뿌리를 알아야 오늘의 갈등을 이해할 수 있으므로 우크라이나 지역의 역사를 개괄적으로 살펴보고자 한다.

유럽 특히 동유럽 지역은 역사적으로 10세기까지 고정된 영토를 가진 국가라는 개념이 없었으며 문화적 동질성에 근거한 민족 정체성도 약하였다. 평화로운 시절이 거의 200년도 되지 않을 만큼 수많은 침략과 지배층의 변동 그리고 민족의 이동과 지배 강역의 변동이 있었다.

특히 세계 1차 대전과 2차 대전을 거치며 인위적인 지역의 합병 및 분할 등에 의한 국경 확정으로 인하여 인종적으로나 종교적으로나 또는 정치 이념 등의 작은 부추김만으로 폭발할 수 있는 화약고로 남아 있는 상황이다.

우크라이나가 소련연방 해체 후 1991년 독립을 하게 되면서 키예프

우크라이나와 러시아 특수 군사 작전 그리고 푸틴 대통령

루스 대공국의 문화와 역사가 러시아의 것인지 우크라이나의 것인지 또 키예프 루스 대공국의 정통 후계자는 러시아인지 우크라이나인지 갈등을 일으키는 계기가 되었다.

키예프 루스 대공국이 칭기즈 칸의 손자 바투가 볼가강 하류의 사라이를 수도로 건립한 킵차크한국(1243년~1502년)에 의해 1245년 멸망하였고, 키예프 루스 대공국의 연합체이던 북쪽의 모스크바 공국은 멸망을 피하고 존속하게 된다.

1340년대 이후에는 우크라이나 지역의 서부인 할리치아, 볼린 지방은 폴란드, 오스트리아의 지배 아래에 들어가면서 러시아와는 정치적으로 문화적으로 점차 분화되기 시작하였다.

레닌의 혁명 이래 소련 연방의 일원으로서 참여하면서 동남부 우크라이나 돈바스 지역을 레닌으로부터 넘겨받아 우크라이나 인민공화국이 성립하게 되었다.

그리고 제2차 세계대전 당시에 폴란드의 지배를 받던 서부 우크라이나 지역의 주민들은 히틀러 나치 정권에 적극적으로 참여하여 소련과의 전투에 참여하며 폴란드인과 유대인 학살에 큰 역할을 맡게 된다.

제2차 세계대전이 끝난 뒤 폴란드 영토였던 서부 우크라이나를 소련이 할양받았고, 스탈린이 이 지역을 우크라이나 국토로 병합을 하였으며, 또 후르시초프가 넘겨준 크림반도를 받아 광대한 영토의 우크라이나 인민공화국으로 지내왔다.

소련 연방의 해체에 따라 비로소 독립국이 되었다.

소련 연방 시절과 우크라이나의 친러 정권 아래서는 별 문제가 되지 않았던 역사적 문화적 정통성에 대한 시비 논쟁이 우크라이나의 친미 정권 아래서 증폭되었다. 이런 시비 논쟁은 슬라브 민족의 동질성을 깨뜨리고 증오심을 증폭시키는 수단으로 변하고 있으며 서로 반목하고 분열하는 계기가 되었다.

2.
우크라이나 지역의 기원

흑해 북부인 크림반도와 드네프르강 주변에는 동양에서 흉노족이라 부르는 이란계 스키타이인이 기원전 8~7세기에 정착하여 많은 고분을 남겼으며, 신라의 고분에서 발굴된 것과 흡사한 화려한 황금 유물을 남겼다. 기원전 3세기경 이란계 사르마타이(사르마트)인이 지배하며 또 3세기 중반~4세기 말 게르만계 고트족에 의해 지배되었다. 4세기 후반~6세기 중엽에는 훈족의 지배를 받으며, 6세기 중엽에 터키몽골계 아바르족의 지배와 6세기 말~7세기 중엽에 불가르족 그리고 7세기 중엽~11세기 말에는 아시아 돌궐계 유목민족인 하자르 한국의 지배를 거치게 된다. 전성기인 7~9세기에는 비잔틴 제국, 이슬람 제국과 비교될 큰 세력을 갖는다.

9세기 스칸디나비아의 바이킹족이 발트해 연안을 거쳐 북방의 도시 노브고로드를 거쳐 드네프르강 상류를 통해 흑해까지 내려온 다음, 콘스탄티노플에 이르는 무역 루트를 개척하며[99] 세력을 키웠다. 동슬라브인들은 이들을 바랴키라고 불렀는데 이들은 자신을 루스라고 말했다.

3.
노브고로드 공 그리고
키예프 루스 공국의 번영

이 루스의 수장인 류리크가 노브고로드에서 862년 노브고로드 공이 되어 우크라아나, 러시아, 벨라루스 국가의 선조가 된다.

882년 올레그 公에 의해 수도를 키예프로 옮기며 비잔티움 제국과 견줄 만큼 강대한 국가 키예프 루스 공국(公國)을 만들게 된다. 912년 올레그 공이 사망하고 류리크의 아들 이고리 공이 등극하였는데 945년에 살해당한 뒤 이고리 공의 아내 올가는 어린 아들의 후견인으로서 섭정을 하며 국가를 발전시킨다. 957년 콘스탄티노플을 방문하여 동방정교회의 세례를 받으며 최초의 정교회 신자가 되며 훗날 슬라브 최초의 성인(聖人)이 된다.

볼로디미르 공(재위 978년~1015년)에 의해 987년 동방정교회를 받아들이고 성서의 번역을 위해 신부들이 키릴문자를 만드는 등 강대한 영토를 가진 대국이 되며 성공(聖公)으로 칭송받는다.

아들 야로슬라프(재위 1019년~1054년)가 키예프 대공이 되어 법령을 정비하며 성소피아 성당 건축, 페체르스크 수도원 건설 등 비잔틴 문화를 흡수하고 나라의 번영을 이끌어 현공(賢公)으로 칭송받는다.

이 시기에 내치와 외교에 큰 업적을 나투며 스웨덴, 헝가리, 노르웨이, 프랑스, 폴란드, 독일, 비잔틴 제국 등과 혼맥을 형성할 만큼 명성과 덕망을 이루었다.

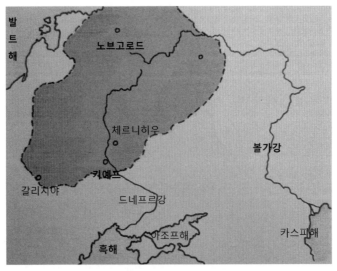

〈그림 1〉 10세기 키예프 루스 공국의 영역

12세기에 이르러 북부의 노브고로드 공국, 동북부의 블라디미르 수즈달 공국(1326년부터 모스크바 공국), 서남부의 갈리치야-볼린 공국 등 10~15개의 독립적인 공국 연합체로 변경된다.

4.
키에프 대공국 멸망과
모스크바 공국의 존속

1223년 몽골(타타르라고 불렸음) 선발대의 침략과 1237년 칭기즈 칸의 손자 바투의 침략과 바투가 건립한 킵차크한국에 의해 1240년 키에프 루스 대공국은 멸망하였다.

나머지 대부분의 공국들은 몽골의 지배에 복종하여 세금을 바치는 대가로 존속을 하다가[100] 1340년대에 할라치나-볼린 공국의 볼린은 리투아니아에 합병되고, 할리치나는 폴란드에 병합되어 각각 역사에서 사라져 할리치나-볼린 공국의 영역을 잇는 독립국은 더 이상 나타나지 않았다.[101]

따라서 모스크바 공국 홀로 독립을 유지하며 문화적, 언어적 전통을 이어온 반면 폴란드의 지배를 받는 서부 지역의 할리치나, 볼린은 단일 민족이라는 동질감에서 점차 분리되기 시작하고 언어적 분화도 생기게 된다.

또한 폴란드는 로마카톨릭을 신앙하는 데 비해 피지배 지역인 서부 지역의 할리치나, 볼린 지역의 주민들은 정교회를 신앙하여 신앙 차별에 따른 갈등이 속으로 깊어 갔으나, 상류층들은 카톨릭으로 개종하며 이질화되어 갔다.

폴란드는 왕위 계승자로 리투아니아의 젊은 대공 요가일라를 데릴사위로 데려오며 1385년 리투아니아를 폴란드에 편입시키는 '크레보 합병'을 맺는다. 1569년 '루블린 연합'으로서 합병이 되어 우크라이나 전 지역이 폴란드의 통치하에 들어갔다.

키예프 대공국의 연합체이던 모스크바 공국은 상대적으로 북쪽의 삼림 지대에 위치하고 있어 몽고인들에게는 친숙한 초원 지대가 아니었고, 알렉산드로 넵스키 공(재위 1252년~1263년)과 그의 자손들인 모스크바 공들은 킵차크한국과 좋은 유대를 유지하여 존속할 수 있었으므로 루스의 제도와 문화를 계승하였다. 이처럼 모스크바 공국은 슬라브 민족의 역사와 문화의 유일한 계승자로 살아남아 훗날 큰 세력을 이룰 수 있게 된다.

특히 루스 전체를 통괄하는 러시아 정교회의 대주교관이 몽골의 침략을 피해 키예프에서 1326년 모스크바 공국으로 옮겨 왔으므로 키예프 루스의 종교적 정통성도 모스크바 공국이 계승하였다.
더구나 몽골은 교회와 성직자의 세금도 면제하고, 교회 내부의 재판권을 교회에 맡기는 등 정교회를 보호하였으므로[102] 루스 지역의 정교회 교화가 완전하게 보존되고 또 완성되었다.

또한 동서 교역의 무역로 역시 부활하게 되었고, 크림반도를 통해 지중해의 그리스로마 세계 및 중동 세계와 교역을 하게 되어 모스크바 공국은 점차 부유해진다.

1453년 비잔티움 제국의 콘스탄티노플이 오스만투르크에 의해 멸망하면서 다른 4개의 총주교관은 모두 오스만투르크의 지배하에 들어가고, 모스크바 총주교관만 존속하게 되므로써 동방정교회의 종통을 잇는 계승자가 되었다.

　　　　　우크라이나와 러시아 특수 군사 작전 그리고 푸틴 대통령

5.
코자크 지도자 흐멜니스키와
러시아 황제의 페레야슬라브 조약

    리투아니아와 폴란드의 지배를 벗어나려는 코자크 집단의 독립투쟁이 중부 우크라이나 지역에서 1648년~1654년간 전개되었다. 그러나 폴란드와의 전쟁에서 불리하게 된 코자크 지도자 흐멜니스키가 정교회를 신봉하며 같은 슬라브 조상을 두고 있는 러시아 차르 알렉시스에게 복종을 맹세하고 우크라이나가 러시아의 일부가 되기로 결정하고[103], 1654년 러시아 황제와 페레야슬라브 협정을 맺으면서 우크라이나의 중앙부 지역은 러시아로 귀속되었다.

    그리고 러시아는 폴란드와 13년간의 전쟁을 치른 뒤 1667년 안드루소보 휴전협정을 하며, 드네프르강 동쪽은 러시아가, 서쪽은 폴란드가 차지하고 자포로제 지역은 공동 관리하기로 하였다가 1686년 폴란드는 이 자포로제 지역에 대하여 모스크바의 단독종주권을 인정하였다.[104] 그리고 흑해 북단의 오데사 지역은 오스만 제국이 점령하였다.

〈그림 2〉 1667년 안드루소보협정 이후 영역

우크라이나와 러시아 특수 군사 작전 그리고 푸틴 대통령

6.
폴란드의 멸망과 서부 우크라이나의 오스트리아 지배

폴란드는 1772년, 1793년, 1795년까지 3차례의 분할을 거쳐 러시아, 프로이센, 오스트리아 3국으로 분할되어 나라가 소멸된다. 따라서 서부 우크라이나의 일부는 오스트리아의 지배를 받게 되고, 우크라이나 지역의 대부분은 러시아 제국의 지배를 받게 된다. 러시아 제국에서는 '소러시아(말로로시아)'라는 행정 명칭으로 불렸다.

오스트리아 제국의 지배를 받는 우크라이나 서부 지방은 오스트리아 제국의 느슨한 지배와 러시아 세력을 견제하려는 오스트리아 제국의 정책에 따라 우크라이나 민족의식이 높아진다. 이런 사정으로 서부 지방은 우크라이나 민족주의의 거점이 된다.

오랜 폴란드와 오스트리아 제국의 지배를 거치며 이 서부 지역은 러시아 정서보다도 유럽 정서에 더 가까워졌고, 특히 로마 대주교도 이 지역을 모스크바 대주교의 영향권에서 분리하려고 하였으므로 정교회는 분열되었고, 로마카톨릭의 체제를 일부 받아들여 이 지역만의 '우크라이나식 카톨릭(우니아트·uniate, 그리스 카톨릭)'이[105] 형성되어졌다.

1840년 타라스 셰브첸코는 농민의 구어와 방언, 고대 교회 슬라브어를 통합하여 우크라이나어를 창조하며 계몽 활동을 한다. 1848년 프랑스의 2월혁명을 발단으로 민족주의적 조직들이 생겨난다.

한편 1264년 우크라이나를 통치하던 폴란드 볼레스와프 왕이 유대인보호법령을 반포한 이래 자유로운 경제 활동이 보장됨으로 인해 많은 유대인들이 몰려왔고 또 13~15세기에 신성 로마 제국 내에서 유대인 박해가 심해지자 유대인들이 다수 이주해 와서 고유한 문화를 지키며 성실한 신앙생활을 하였다.

19세기 말에는 러시아 제국 내에 520만 명의 유대인이 거주했는데 우크라이나 지역에는 유대인이 200만 명이 거주하고 있었다.[106] 농노같이 가난한 농민들에게서 직업을 가진 유대인들은 미움을 받았고, 1881년과 1903년에 일어난 유대인들에 대한 집단 폭행과 약탈 사건이 특히 우크라이나 지역에서 대규모로 발생하였다. 경찰과 관리들이 치안 유지를 하지 않고 방관함으로 인해 극심한 피해를 입었다.[107]

1881~1912년 사이에 유대인들도 가난한 농민들과 함께 미국과 캐나다로 이민을 가게 되는데, 이 유대인들이 미국과 캐나다에서 유대인의 전통적 문화를 고수하는 주류를 이루고 있다.

현재 미국에는 150만 명, 캐나다에는 100만 명의 우크라이나계 주민들이 거주하고 있고 한다. 이들은 정계에도 영향력을 행사하며, 캐나다 전 총리 나티신, 전 서스캐처원주 수상 로마노우, 전 알바타주 수상 클라인 등은 우크라이나계이다.[108]

7.
우크라이나 소비에트 공화국 설립

19세기 말 우크라이나의 동부 지역(돈바스)에서 대규모 철광석 광산이 개발되었고, 동부 지역은 급속하게 공업 지대로 발전하면서 러시아인 숙련공들이 대거 유입하게 되었고 러시아 최대 공업 지대로 발전되었다.

1917년 12월 우크라이나 소비에트 공화국을 선포하였으나 볼셰비키 세력에 패하여 실패하였고, 1922년 12월 소비에트 사회주의 연방의 창설에 공화국으로 참여하게 된다. 이때 레닌이 우크라이나 동남쪽(돈바스·오데사)의 러시아 영토에 대한 자치권을 우크라이나 공화국에 이양한다.

<그림 3> 우크라이나의 시대별 영토 변경

우크라이나와 러시아 특수 군사 작전 그리고 푸틴 대통령

8.
우크라이나 독립운동 세력의
독일 나치 참여

폴란드와 오스트리아의 지배를 받던 서부 지역에서 힘을 키운 우크라이나 민족주의 투쟁 세력들은 독립을 목적으로 2차 세계대전 당시에 독일 히틀러 나치 정권에 적극적으로 협조하여 소련과의 전쟁에 참여함으로써 슬라브 민족이라는 연대의식이 깨어지게 되었다.

또 나치 정권의 하수인으로서 유대인과 폴란드인에 대한 대규모 학살에 적극 참여하는 비극적 역사를 만들었다. 이 제2차 세계대전 당시 유대인과 폴란드인에 대하여 무자비한 학살을 하며 독일 나치 정권에 적극적으로 협조하였던 '스테판 반데라'가 이끄는 조직이 있었다.

우크라이나 민족주의자들은 볼린(Volyn) 지역에서 20만 명의 폴란드인-특히 노인과 여성, 어린아이-을 잔인하게 학살했고, 이 20만 명은 유대인과 러시아인을 제외한 숫자이다. [109]

이런 이력의 스테판 반데라를 현재 우크라이나의 친미 정권들은 독립운동의 아버지로 모시며 국민들을 세뇌시키고 있다. 같은 슬라브 민족인 러시아와 벨라루스를 증오하고 적대하도록 이간시키고 있다.

9.
우크라이나 국가의 성립과
현재 영토의 확정

1939년 2차 세계대전에 승리한 스탈린은 폴란드 서부의 영토를 할양받아 우크라이나 영토로 합병시키고, 후르시초프는 넘긴 크림반도를 우크라이나에게 이양한다.

같은 키예프 루스 민족으로 같은 언어, 같은 역사, 같은 문화와 종교 또 친인척으로 서로 엉킨 혈연 구조 그리고 상호 연결된 산업 구조 및 경제 체제이므로 큰 문제가 되지 않을 줄 알았으나, 서방의 이간 책동이 노골화된 순간에는 강하게 느껴지던 연결고리가 약하게 허물어지기 시작한 것이다.

소련연방이 붕괴되고 우크라이나가 독립하게 될 때, 소련연방 시절에 레닌과 스탈린과 후르시초프가 관리를 이양한 영토들이 함께 딸려 갔고 거주하던 러시아계 주민들도 함께 딸려 갔다.

소련이 붕괴되고 1991년 12월 1일 우크라이나 독립에 대한 국민투표와 대통령 선거가 동시에 치러졌는데 러시아인과 러시아어를 사용하는 시민의 권리를 존중하고 모든 국민이 평등하며 어떠한 차별도 없을 것이고 국가 공용어 지위에서 러시아어는 우크라이나어와 동등할 것이라고 공약했지만 이후 약속은 지켜지지 않았다. 공약은 백지가 되었고, 경제적 번영도 오지 않았다. 여태까지 러시아로부터 무료로 받던 상품과 물 값보다 싸게 사 오던 석유와 가스를 이제는 통상 가격으로 사 오게 되면서 하이퍼인플레이션이 닥쳤기 때문이었다.[110]

소련의 붕괴는 다양한 문제를 낳았는데, 가장 중요한 문제는 '영토와 주권' 문제였다. 이 문제는 사실 제2차 세계대전이 끝나고서 전승국과 패전국 사이의 영토 할양 결정 때부터 잠재되었던 문제였다.

구 소련연방의 경제 총생산액 중 40퍼센트 이상이 여러 공화국들 간의 긴밀한 협력과 분업 체계 속에서 이루어지고 있었으며 마찬가지로 각 공화국의 영토 경계도 30퍼센트만이 정확하게 구분되어 있었을 뿐 국경에 대한 정의도 모호하였고 별 의미도 없었다.[111]

이런 모호한 상황에서 러시아와 벨라루스와 우크라이나는 국경 문제와 영토 갈등 문제를 평화적으로 해결하고자 1991년 12월 민스크협약을 체결하였으나, 국제법적 국경 조약을 체결하지 못하였다.

그 이유는 첫째, 국경 확정 과정에서의 엄청난 비용 문제였고, 둘째, 이들 나라들이 소련연방 시절부터 분업적인 산업 구조로써 운영되어져 왔고, 특히 경제적으로 굳게 서로 예속되어져 있었으므로 우호 선린 관계가 훼손될 것에 대한 염려로 냉정하게 결론 내리지 못하였다.

크림반도 문제와 흑해 함대 귀속 문제, 우크라이나에 배치되었던 핵

무기의 귀속 및 비핵화 문제, 러시아계 주민들의 국적 문제, 러시아산 가스의 공급 여부 및 공급 가격 문제 등 다양한 문제들이 산적해 있었고 2000년 이후 두 나라 간의 큰 갈등으로 부각되었다.

특히 소련 시절 배치되었던 핵무기는 우크라이나를 졸지에 세계 3위의 핵보유국으로 만들게 되었는데 핵무기 확산과 핵기술 유출과 보관의 안전성 등 시급하게 해결해야 할 과제가 되었다. 당시 우크라이나는 1,700기의 전략 핵무기와 ICBM 170기, 전략핵 폭격기 40대 등을 가진 핵 강국이었으므로 미국과 러시아는 비핵화와 핵 확산 방지라는 공동의 이해관계로 우호적으로 협력하여 처리하였다.[112]

또 소련이 붕괴되면서 우크라이나에 남겨진 가스관로는 러시아의 대유럽 수출용 가스의 80%를 담당하므로 우크라이나는 러시아에게 특혜 가격을 주장하였고 '커피값에 불과할 정도의 가격'으로 공급받는 등 분쟁거리로 존재하였다.

타 민족의 혼입, 타 민족과의 권력 다툼 등이 극히 적었던 우리나라 입장에서는 유럽 국가들의 잦은 영토 변동과 거주하는 민족들의 혼잡한 구성을 이해하는 것이 쉽지 않다.

특히 동유럽처럼 잦은 지배 세력의 변동과 실효적 지배 영역의 변동 그리고 다른 민족의 이주에 따른 갈등과 신앙하는 종교에 따른 상호 배척이 극심하였던 상황에서, 어찌할 바 없던 민중들의 서러움과 고통은 한국 사람들이 상상하는 것보다 더욱 극심하였을 것이다.

또한 오래전부터 단일 민족으로 융화되어져 불교와 유교의 문화 안에서 도학(道學)적 수양에 치중하였던 우리나라에 비하면 이 지역의 민중들은 혹독한 야만의 시대를 견디었다는 역사적 사실을 잘 이해하여야 한다. 이런 사실을 정확히 이해하여야 비로소 우크라이나인과 러시아인이 겪고 있는 시대적 아픔을 품어 줄 수 있겠다.

4장

러시아 특수 군사 작전의
원인

2022년 2월 24일, 러시아 군대가 우크라이나를 침공하였다고 신문에서는 이야기하며, 대중들은 그렇게 인식하여 쉽게 단편적으로 러시아가 나쁘다고 이야기한다.

어떠한 사정이 있었는지를 이해하는 사람은 거의 없고 방송에 나오는 내용에 따라 이분법적으로 단순하게 판단한다.

러시아가 우크라이나의 동부 지역에 군대를 보내게 된 사정은 무엇인가.

동서로 분단된 독일의 통일에 협조하고 합의하였던 시기부터 지금까지의 사정을 알아보자.

우크라이나와 러시아 특수 군사 작전 그리고 푸틴 대통령

1.
독일의 통일 시기에 맺었던 합의들

레오니트 브레즈네프의 유럽 평화공동체 개념을 이어받은 미하일 고르바초프 대통령은 1987년 체코 방문에서 "서유럽에서 러시아까지 군사동맹이 없는 평화의 블록(상업적 무역안보 연합)을 만들자."는 '전 유럽, 공동의 집(All European common house)' 정책을 제안하였으나 평화적이며 건설적인 고르바초프의 노력은 거듭 거부되었다. [113]

동독과 서독의 통일 협상 당시인 1990년 2월 9일 미국 국무장관 제임스 베이커는 소련 미하일 고르바초프 대통령과의 회담에서 "나토(NATO)의 군사관할권이 동쪽으로는 1인치도 가지 않겠다."고 서약하였다. 2월 10일, 서독 총리 헬무트 콜과 고르바초프 대통령의 만남에서 나토가 러시아를 포위하러 동진(東進)하지 않는다면 독일의 통일에 협력하겠다는 약속이 체결되었다. 따라서 9월 12일, 독일 통일에 관한 최종 조약이 체결되었고 소련의 안보 이익을 보호한다고 보장하였다.

이처럼 독일의 통일은 소련(러시아)이 새로운 유럽 안보 구조에 포함되는 것을 전제로 하였다.

2.
바르샤바 조약기구의 해체와
옐친의 나토 가입 요청

　1991년 7월 바르샤바 조약기구 해체 그리고 12월에 소련이 해체되었으나 바르샤바 조약기구와 대치하던 나토를 해체하지 않기 위한 권모술수로 미국은 1993년 '평화를 위한 파트너십(PfP)'을 제안하며 구소련 및 동구권 국가들과 긴밀한 군사협력관계를 맺으려 계획한다고 옐친을 회유하였다.

　미국은 러시아연방 옐친 대통령에게 PfP는 나토의 대안이라는 점을 강조하며, 유럽의 안보는 러시아를 배제하지 않고 포용하는 것이라고 설명했다.

　1993년 10월 미 국무장관 워린 크리스토퍼는 PfP는 러시아를 비롯한 모든 유럽 국가를 포함하는 체제이지 일부만 나토에 가입시키려는 것이 아니라고 확인했지만 나중에 말을 바꿨다.[114]

　붕괴된 소련을 위한 존중은 없었고, 냉전의 승자는 정치적인배당을 요구하는 형세가 되었다. 소련(러시아)는 새로운 유럽 안보 시스템에서 자신의 자리를 요구했고, 그러겠다는 약속은 받았으나 돌아온 것은 나토의 동진이었다. 1990년대 러시아는 서방의 약속을 강제할 힘이 없

었다. [115)]

미국이 제안했던 '평화를 위한 파트너십'은 나토를 해체하지 않고 존속시키려는 시간 벌기용 권모술수이었을 뿐이다.

3.
나토의 동진(東進)과 러시아의
나토 가입 요청을 거절

1997년 3월 19, 20일 클린턴 대통령과 옐친 대통령은 헬싱키에서 정상회담을 갖고 "나토의 동유럽 확대를 지지하되 동유럽 어느 나라에도 나토 상주군 주둔이나 핵 기지 건설은 않겠다."고 합의한다. [116]

그리고 5월 27일 옐친 대통령은 폴란드, 헝가리, 체코의 나토 가입을 동의하게 되고 1999년 이들 국가는 나토에 가입하게 된다.

2001년 1월 13일 조지 W. 부시 대통령은 1972년 미국과 소련이 체결한 탄도요격 미사일 감축협정(ABM협정)의 탈퇴를 일방적으로 선언하였다.

2003년 9월 이후 러시아와 국경선을 접하고 있는 그루지아(영어 발음: 조지아)에 미군과 자문단을 파견하였다.

2004년에는 에스토니아, 리트비아, 리투아니아, 슬로바키아, 슬로베니아, 루마니아, 불가리아가 나토에 가입하게 되었고, 나토의 군사관할권은 러시아 가까이까지 동진(東進)하였다.

그리고 서유럽과의 연대와 협력을 바라는 러시아는 옐친과 푸틴에 이르기까지 서유럽과의 평화를 위해 지속적으로 나토에 가입하겠다고 제안하였으나, 러시아의 반복적인 요청은 계속 무시되었다.[117]

나토의 초기 회원국은 12개국이었으나, 1952년 그리스, 터키, 1955년 서독, 1982년 스페인으로 16개국이 되었다. 2004년에는 불가리아, 발트 3국 등 26개국이 되었다. 그리고 2023년에는 핀란드가 가입하여 31개국이 되었다.

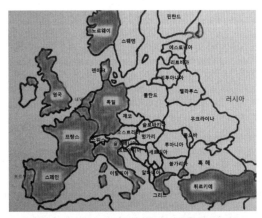

〈그림 1〉 1991년도 가입국 현황: 16개국(짙은색)

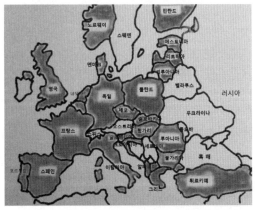

〈그림 2〉 2023년도 가입국 현황: 31개국(짙은색)

4.
러시아 안보의 레드 라인 침범

러시아는 우크라이나와 그루지아를 러시아 안보의 레드 라인으로 선언하며, 우크라이나와 그루지아는 나토에 가입하지 않고 서방의 군대와 무기가 배치되지 않는 완충 지대로 남겨 두어야 함을 옐친 대통령과 푸틴 대통령 시기까지 여러 차례에 걸쳐 반복적으로 주장하였으나 번번이 거부당했다. [118]

이런 러시아의 주장은 1962년 플로리다에서 90마일 떨어진 쿠바에 소련 핵미사일 배치를 반대하는 미국의 논리와 같은 것이며, 한국 성주에 사드를 배치하여 중국의 대륙간탄도미사일을 견제하려는 미국의 전략에 반발하는 중국의 논리와 같은 것이다.

그리고 2003년 9월 이후 러시아와 국경선을 접하고 있는 그루지아에 미군과 자문단을 파견하였다. 그런데 이 그루지아는 카스피해에서 터키의 제이한까지 이르는 중요한 석유 수송관이 통과하는데, 미국에서 교육받은 36세의 젊은 변호사 출신의 미하일 사카시빌리가 '장미혁명'으로 대통령직을 인계받은 2004년 초부터 사실상 미국의 보호령이

나 마찬가지 상태였다.[119]

러시아가 안보의 완충 지대이며 레드라인이라고 선언한 그루지아도 미국의 보호령으로 떨어져 버려 언제 러시아를 찌르는 칼이 될지 모르는 상황이 되었다.

그리고 2006년 그루지아는 분리 독립을 원하는 남오세티야 공화국과 18개월 동안 전쟁을 치르다가 정전협정을 체결하였고, 압하지야 공화국도 독립을 선언하여 전쟁을 치르다가 1년 뒤 종전을 하였다.[120]

그리고 2007년 1월 29일 미 국방부는 폴란드와 체코 공화국에 대규모 탄도미사일 방어 시스템을 배치하겠다는 발표를 한다.[121]

5.
서방의 러시아 지하자원 침탈 계획과 푸틴 대통령의 등장

1991년 12월 21일 소련 연방이 공식적으로 해체되었다.

그리고 러시아연방의 초대, 2대 대통령을 역임한 옐친의 정권하에서 러시아의 처지에 맞지 않은 서구식의 신자유주의 경제 개혁과 어설픈 민영화를 서둘러 추진하다가 대혼란에 빠졌다.

1992년 국제통화기금은 개혁의 일환으로 러시아 루블화의 변동환율 제를 요구했다. 루블화의 변동환율제로 인해 소비자 물가는 1년도 안되어 9,900퍼센트나 인상되었고, 실질 소득은 84퍼센트나 폭락했다. 그 결과는 충분히 예상할 수 있었고 사전에 계획된 것이었다. [122]

시장 지향적인 개혁이라는 미사여구 뒤에 100년 전 아프리카를 식민화하고 분할하던 방식과 흡사하게 소련연방은 분할되기 시작했다. [123]

이런 경제적 대혼란은 사회주의 체제에 길들여진 의식 구조를 갑자기 바꾸기 어려웠고 또 바르샤바 조약의 6개 국가와 소련의 15개 연방국 간에 상호 의존적으로 체계화된 산업 구조와 경제 구조를 일시에

재편할 수 없었기 때문이었고, 또 서구는 이들의 혼란을 희망했다.

1996년 국제통화기금은 '아나톨리 추바이스' 장관을 경제정책 책임자로 임명하는 조건으로 60억 달러의 차관을 승인하였고, 1997년 옐친 대통령은 추바이스를 제1부총리로 임명하였다.[124] 그러자 미국은 옐친의 결정을 칭찬하는 보도를 쏟아 내었으나 러시아인에게는 악몽이 되었다. 전기료가 폭등하고 국가 산업은 도산에 내몰렸고 외국 투기꾼들은 헐값에 알짜배기 기업들을 골라잡았다.

옐친 대통령이 추진하던 경제 개혁은 IMF의 루블화 가치 평가절하 요구, 국영기업의 민영화 요구와 더불어 서방의 은근한 비협조와 교묘한 수출입 장벽으로 인해 처참하게 실패하였다.

석유와 가스 매장지 그리고 니켈과 알루미늄 등 지하자원을 차지하려는 서방 금융 자본과 석유 재벌들은 IMF의 감독 아래 소련의 국유기업들 절반을 가혹하게 민영화시켰다.

또 영미 석유 재벌인 셸, 엑슨모빌은 사할린 석유 가스 개발 사업권을 취득하였으며, 부패한 신흥 재벌과 결탁하여 석유 재벌의 지분을 매집하려고 시도하는 한편 러시아 하원 선거에 개입하여 '지하자원법'을 그들에게 유리하게 개정하려고[125] 하였다.

그 혼돈의 와중에 1999년 12월 31일 옐친이 대통령직에서 사임하고 총리이던 푸틴이 권한 대행을 거쳐 2000년 5월 7일 대통령으로 취임한다. 푸틴은 부패하고 매판적 세력인 신흥 재벌 올리가르히들이 막강한 자금력을 동원하여 국정을 농단해 온 것을 더 이상 좌시하지 않겠다는 결의로 차례차례 이들을 처벌하였다.

엘친으로부터 러시아 최대 민영 방송인 NTV 사업권을 취득하였던 구신스키를 푸틴은 취임하자마자 2000년 5월 기소하였고, 민영화된 'ORT' TV 채널을 소유하며 정계에 영향을 미치던 베레즈브스키는 2000년 11월에 런던으로 망명하였다.[126]

한편으로 무능한 개혁 세력을 배척하고 외무성과 정보조직 중심의 엘리트 관료들을 충원하는 등 내부 조직의 정비로써 와신상담의 심정으로 힘을 키운다.

2003년 푸틴은 부패하고 탐욕적인 신흥 재벌 미하일 호드르콥스키를 전격적으로 체포하고 그가 소유한 유스코 석유회사의 지분을 동결하는 조치를 함으로써 석유와 가스 자원을 차지하려는 서방의 흉계를 무산시켰다. 호드르콥스키는 워싱턴에서 딕 체니 미국 부통령과 비밀리에 회동하였고 이어 엑슨모빌 그리고 곤돌리자 라이스가 이사로 있는 셰브런 텍사코와 회동하면서 자신이 소유하고 있는 유스코 석유회사 지분의 인수에 관한 논의를 하고 있었다. 즉, 호도르콥스키는 푸틴을 넘어뜨리려는 미국의 앞잡이였던 셈이다.[127]

이 유스코 석유회사의 지분 매각에 대한 음모가 푸틴에 의해 사전에 저지되지 않았다면 러시아의 에너지 주권과 경제 주권은 미국으로 넘어가게 되어, 러시아의 외교 주권과 군사 주권조차도 막강한 영미 석유 카르텔의 손아귀를 영영 벗어나지 못하였을 것이다.

그리고 2005년에는 국가 안보를 위해 전략산업의 범위를 석유, 천연가스, 금광 등 자원 분야로 지정한 후 외국기업의 투자를 제한하는 조치를 취하여 경제적 침탈을 예방하였다. [128]

6.
우크라이나 정권의 전복 공작

우크라이나를 덮친 2004년의 '오렌지혁명'은 2003년 5월 우크라이나 주재 미국 대사에 내정된 존 허브스트의 감독 아래 일어난 정권 전복 공작으로서 우크라이나를 친나토 미국 위성 국가로 바꿔 버렸다.[129]

미국이 우크라이나의 정권 교체를 기획할 당시 워싱턴이 밀어주기로 한 인물은 빅토르 유센코 전 우크라이나 중앙은행 총재였는데 그의 아내 카테리나는 미국 시민권자로서 레이건과 조지 H. W. 부시 대통령 정권에서 행정부와 국무부 관리를 지낸 사람으로 미국우크라이나재단 대표로 우크라이나로 왔으니[130] 유센코를 돕기 위한 미인계의 미국 공작원인 것으로 추측된다.

유센코는 대선운동 당시에 모든 홍보물을 오렌지색으로 인쇄하여 언론은 '오렌지혁명'이라고 불렸고 워싱턴은 그의 당선을 도우려 대규모 시위를 조직할 청년들을 매수하였다.

이때 그루지아(영어 발음: 조지아)에서 2003년 미국 대사 리차드 마일스의 지도와 열린사회 재단과 프리덤하우스의 지원으로 '장미혁명'을 성공시킨 경험이 있는 그루지아 자유재단 회원들, 그루지아 청년그룹 회원들이 동원되었고 심지어 그루지아 락 밴드그룹들도 동원하여 연합 콘서트를 벌렸다. [131]

2004년 유셴코가 대선에서 패하자 '선거 사기'였다고 주장하며 여론 몰이를 하였다. 서방 언론 CNN, BBC 등이 똘똘 뭉쳐 여론을 조작하며 치러진 재투표 결과, 2005년 1월 유셴코가 근소한 차이로 대통령에 당선되었다.

이렇게 미 국무부는 2000만 달러를 들여 우크라이나 대통령 자리를 그에게 '사 준' 셈이다. [132]

민주주의라는 탈을 쓰고 폭정과 부패를 일삼던 빅토르 유셴코 '친나토' 대통령은 미국과 이스라엘의 지원을 받은 그루지아가 2008년 남오세티야 자치공화국 영토를 기습 공격할 때, 그루지아에 20억 달러 상당의 무기를 밀매했고 구호물자로 위장하여 탄약과 대포를 수송하였다. [133]

미국의 지원으로 정권을 잡은 유셴코 정권의 분열과 극심한 부패 그리고 경제 위기에 따른 반동으로 친러 성향의 빅토르 야누코비치가 선거를 통해 합법적으로 정권을 잡았다.

2013년 11월 미국의 지원에 힘입은 시민단체들이 다시 격렬한 저항을 펼쳤고 아울러 경찰의 무리한 진압 또는 유혈 충돌을 증폭시키려고 저격수를 동원하여 시위하는 민간인을 총격하여 사망케 하는 공작(?) 또는 시위를 진압하는 경찰을 향해 수류탄을 투척하는 공작(?) 등으로 마이단혁명이 격화되었다.

결국 야누코비치 대통령이 축출되었고 2014년 5월 친미 성향의 페트로 포르셴코 대통령이 취임하게 되었다.

7.
마이단 시위 도중의 총격과
시위대 사망 공작

2023년 10월 18일 우크라이나 스비아토신 지방법원은 마이단혁명 기간 중 시위대를 향해 총격을 가해 사망하게 한 혐의로 기소된 경찰관 5명에 대한 최종 판결하였다.

재판 과정에 키예프의 공무원들은 조사를 방해하였고 정부와 언론은 무시하거나 유죄라고 주장하였다. 법원 밖에는 극우 단체의 사람들이 타이어를 불태우며 과격한 시위를 하였다.

법원은 "2014년 2월 20일 아침에 실탄을 쏜 무기를 소지한 사람들이 진압 경찰관들의 방향이 아니라 시위대가 장악하고 있던 구역의 호텔 우크라이나 구내에 있었다고 단정적으로 결론 내리기 충분한 증거."라고 밝히고, "관련 서류를 검토한 결과 러시아 보안기관이나 정보기관의 흔적이 발견되지 않았다."고 판단하여 기소된 경찰관 5명 중 1명은 무죄, 1명은 권력 남용을 판결하였고, 외국으로 나가 재판에 불참한 3명에 대하여 유죄를 판결하였다. [134]

이 사건의 많은 자료를 수집하여 재판에 참여한 캐나다 오타와 대학의 카자노프스키 박사는 "유죄 판결의 근거가 된 법의학적 탄도 궤적 검사는 단 한 번만 실시되었으며 조작된 것."이라 주장하였고, "살해된 시위대의 몸에서 나온 모든 총알이 경찰이 사용하는 칼라시니코프 자동소총의 총알과 일치하지 않는 것으로 나타났다."고 발언했다.

조작된 탄도 검사는 SITU라는 업체에서 실시했는데 이 업체는 조지 소로스의 열린사회 재단 키예프지부가 10만 달러를 기부한 업체였고, SITU에서 분석한 모델은 피해자의 상처 위치가 옆이나 뒤쪽이었는데 상처 위치를 앞쪽으로 바꾸고 총알의 궤적 각도를 바꿔 유죄 판결을 받도록 한 것이었다. [135)]

8.
정권 전복 공작의 배후
민간 조직들

조지 소로스의 열린사회 재단은 미 CIA와 연계하여 많은 나라에서 정권 전복 공작에 개입하고 있는데, 마이단혁명의 성공에도 큰 몫을 했다. 조지 소로스는 뉴욕 금융 자본가의 최상위 파트너로서 이들 거대 금융 자본을 등에 업고 약소국의 환율을 조작하여 금융위기로 몰아넣은 뒤, IMF와 손잡고 알짜 기업의 주식을 헐값으로 인수하는 등으로 폭리를 취하고, 그런 돈의 일부를 정권 전복의 공작금과 극우 단체의 후원금으로 사용하고 있다.

이 우크라이나 친러 정권의 전복 공작에 동원된 조직들은 조지 소로스의 열린사회 재단, 1941년 미국에서 창설된 나토의 선전기관인 프리덤하우스, 미국민주주의재단(NED), 미국공화당협회(NRI), 미국민주당협회(NDI)와 여론조사기관들로 알려졌다.

이 중 미국민주주의재단(NED)은 1980년대 초 레이건 집권 당시 빌 케이시 CIA 국장의 권고로 창설되었는데 표적 국가의 불안정화와 정권 교체를 포함한 미국 정보 작전의 최일선 역할을 하면서도, 민주주의 가치를 알리는 비정부기관이란 그럴듯한 이미지를 살려 세인의 눈을 피하며 여러 나라에서 정권 전복 공작을 일삼는다. [136]

미국이 행한 이 같은 정권 전복의 역사는 남미와 중동 그리고 아시아 등 수많은 나라에서 이미 오랫동안 해 오던 일이었다.

미국민주주의재단(NED)은 마이단혁명뿐만 아니라 1986년 이란콘트라 게이트에서도 중요한 역할을 하였는데 미국민주주의재단(NED)의 초대 국장 앨런 웨인스타인은《위싱턴포스트》에 "오늘날 우리가 하는 일은 지난 25년 동안 CIA가 은밀하게 했던 일입니다."라고 밝혔다. [137]

1980년대 로널드 레이건 대통령이 집권할 당시 정부기관과 국무부는 NGO와 '박애주의'라는 탈을 쓴 민간단체의 세계적 네트워크를 만드는데 수십억 달러를 쏟아 부었다. 이들은 '도덕'이라는 가면을 쓰고 '인권'이라는 단어로써 법치주의를 훼손하며 제국주의의 명맥을 유지하려고 하였다. [138]

9.
러시아를 더욱 압박해 오는
미군 미사일 방어시스템 배치

2007년 1월 29일 미 국방부 미사일방어국의 페트릭 J. 오하일리 준장은 유럽에 탄도미사일 방어시스템을 배치하겠다고 발표하였다.

이에 2월 10일 뮌헨 안보회의에서 푸틴은 "막강한 군사력이 세계를 전쟁의 심연에 빠뜨리고 있습니다. 하지만 우리에겐 이를 잠재울 역량이 없습니다. 국제법의 기본 원칙이 한낱 웃음거리로 전락하고, 독립적인 법규가 미국의 법제도에 귀속되는 실정입니다."며 크게 반발하였다. [139]

게르하르트 슈뢰더 전 독일 총리도 동유럽에 미사일 방어시스템을 배치하려는 움직임을 '러시아를 포획하려는 정신 나간 정책'이라고 비난하였다. [140]

그럼에도 불구하고 3월 미국은 이란의 핵 위협으로부터 미국 본토를 방어하기 위해 폴란드와 체코에 대규모 탄도미사일 방어시스템을 배치하겠다고 발표하게 된다.

그러나 이란이 탄도미사일로 미국이나 유럽을 위협할 가능성에 대비한다면 튀르키예나 쿠웨이트나 이스라엘에 탄도미사일 방어시스템을 설치하는 것이 합리적인데, 이 나라들보다 훨씬 더 멀고 미사일 궤적을 벗어난 폴란드에 탄도미사일 방어기지를 구축한다는 말은 설득력이 전혀 없는 억지일 뿐이다.

러시아 경계인 폴란드에 탄도미사일 방어 기지를 배치하면 미국의 숙원인 '핵 패권'을 실현할 수 있다는 러시아 봉쇄 정책이 분명한 것이다.

더욱이 미 국방부가 공식적으로 채택한 '2008 군 현대화 전략'에서는 전쟁을 일으켜 원자재를 장악해야 한다고 밝혔다. [141]

2008년 4월 3일 루마니아 부쿠레슈티에서 열린 '나토 정상회의에서 푸틴은 "우크라이나 인구의 3분의 1이 러시아인이다. 공식 인구센서스에 따르면 4500만 명 중 1700만 명이 러시아인이다. 우크라이나는 매우 복잡한 나라이다. 여기에 나토 문제 혹은 다른 문제를 더하면 우크라이나를 존망의 기로로 몰아넣는 꼴이다. 우리는 누군가를 도발하지 않도록 매우 신중하게 행동했다. 마찬가지로 우리의 파트너에게도 이성적으로 행동할 것을 요청한다."고 발언하였다. [142]

하지만 이런 요청을 무시하고 '나토 정상회의 선언' 23항에서 "나토는 우크라이나와 조지아의 나토 가입 열망을 환영하며, 이들 국가들이 나토 회원국이 될 것이라는 사실에 동의한다. 오늘 우리는 이들 국가들의 멤버십 행동계획(MAP) 신청을 지지함을 명백히 밝힌다."고 결의한다. [143]

러시아가 안보의 레드라인으로 경고한 우크라이나와 조지아의 나토 가입을 공개적으로 동의함으로써 러시아가 완충 지대로 남겨야 한다는 수차례의 요구를 무시하고 또 쇠약해진 러시아의 국력을 깔보며, 러시아와의 갈등을 구체적으로 촉발한다.

그리고 같은 해 7월 9일 곤돌리자 라이스 국무장관이 체코 공화국에 첨단 탄도미사일 방어 레이더를 구축한다는 것에 대해 합의를 하였다.

이처럼 나토의 장비들과 군인들이 1인치도 동쪽으로 오지 않겠다는 국가 간의 약속은 지키지 않으면서 또한 노골적으로 러시아를 무시하고 도발하는 정책을 보이기 시작했다.

10.
우크라이나 친미 정권의
러시아어 사용 금지와 내전 발생

2014년 2월 친러 성향의 야누코비치 정권이 무너진 직후 3월 11일 크림반도는 세바스토폴을 중심으로 우크라이나로부터 분리 독립을 선포하고 크림 공화국을 결성하였고, 3월 16일에는 96.6%의 찬성이 나온 주민투표로써 러시아와의 합병이 완료되었다.

2014년 5월 포르첸코 친미 정권이 수립되자마자 미국은 우크라이나의 나토 가입을 권유하였고, 포르첸코 정권은 '러시아어의 제2 공용어 지위'를 박탈하는 법령을 공포하고 우크라이나어를 사용하지 못하는 공무원과 교사 등을 해임시키는 등으로 러시아계 주민에 대한 차별 행위를 노골화하였다.

러시아계 주민이 60% 이상인 우크라이나 동부 지역 도네츠크 인민공화국, 루간스크 인민공화국도 차별과 억압에 반대하며 독립 및 자치를 지지하는 민중 시위가 거세게 일어났다.

포르첸코 정권은 이를 진압하기 위한 군대를 파견하면서 동부 지역은 친미정권의 잔인한 '반테러' 작전에 저항하기 위해 민병대를 결성하였고, 도네츠크 인민공화국, 루간스크 인민공화국을 선포하였다.

동부 지역의 분리 독립 움직임에 대한 보복으로 이들 지역에 대하여 우크라이나군은 항공기와 대포를 동원한 폭격을 실시하였고, 아울러 신나치 추종의 과격한 아조프 부대는 러시아계 주민들에 대해 무차별적인 살인, 방화를 자행하여 많은 러시아계 민간인이 학살되게 된다.

특히 2014년 5월 2일에는 다른 지역처럼 오데사에서도 러시아와의 관계를 단절하려는 급진적 친미, 극단적인 민족주의 정권에 반대하는 시위대가 쿨리코보 광장에 모여 있었다.

축구 경기 관람을 마친 유로마이단 지지자들이 10배나 많은 인원으로 반마이단 시위대가 집결해 있는 광장으로 막대기, 방패, 돌 그리고 소량의 총기로 무장하여 몰려갔고, 이윽고 치명적인 폭력 사태로 바뀌었다.

수십 명의 민간인과 민병대원들이 노동조합 건물로 피신하였는데, 유로마이단 지지자들이 던진 화염병에 의한 방화가 일어나 42명의 반마이단 시민들이 질식하거나 산 채로 불에 타 사망하였다. 건물 밖에서도 타살되거나 총격으로 사망하는 등 최소 51명이 사망하였고 230명 이상이 부상당했다.

5월 1일 노동절 휴가와 축구 경기의 관람을 핑계로 키예프에서부터 온 것으로 추정되는 잘 조직된, 1천 명도 넘는 극우 세력들이 휴가객으로 가장하여 호텔, 레크리에이션 센터, 임대 아파트, 요양소 등을 가득 메웠다. 이미 계획된 일이었다.

또 수상한 점은 4월 29일에 우크라이나 국가안보국방위원회 장관 안드리 파루비(Parubiy)가 오데사를 방문하였고, 5월 2일 정오 12시 우크라이나 부검찰총장인 미콜라 반추크(Mykola Banchuk)가 오데사에 도착하여 지역 검찰청 직원들과 보안군 간부를 소집하고 모종의 회의를 하였다고 한다.

우크라이나 정부와 경찰, 검찰이 수행한 공식 조사는 친마이단 세력의 불법 행위에 대한 증거를 지우려는 행위일 뿐이라고 비판받았다.[144]

11.
러시아가 제안한 평화협정과
계속되는 협정 위반

2014년 9월 우크라이나, 러시아, 도네츠크 인민공화국, 루간스크 인민공화국의 대표들이 벨라루스의 수도 민스크에서 모여 정전협정을 맺고, 유럽안보협력기구에서 정전협정의 준수 여부를 감찰하는 활동을 하도록 하는 1차 민스크평화협정을 체결한다. 돈바스는 통합된 우크라이나의 일부로서의 특별한 지위를 갖기로 하였다.[145]

이 협정이 실패로 돌아가고 다시 2015년 2월에 2차 민스크협정이 체결되었다. 내용은 유엔안보협력기구의 감시하에 무조건 휴전하고, 2015년 말까지 우크라이나는 개헌을 통해 도네츠크주와 루간스크주에 특별 지위를 부여한다는 것이다. 유엔 안전보장이사회는 만장일치로 '결의안 제2020호'로 지지하였다.[146]

그러나 우크라이나의 신나치 부대원들은 민스크협정을 무시하며 러시아계 주민에 대해 테러를 계속하였다.

무자비한 주택 방화와 폭격으로 14,000여 명의 러시아계 민간인을 학살하는 위반 행위를 계속하게 된다. 당시 휴전선에 집결된 우크라이나 군인은 12만 명이며, 돈바스 지역 민병대는 4만 명 정도였다.

동부 지역의 러시아계 주민들에 대한 학살을 일삼는 아조프 전투 부대원들과 국방부의 고위 간부들은 '반데라'를 추앙하며, 신나치를 상징하는 문장과 문신 등을 거리낌 없이 내세우는 극우 민족주의자들이다.

영국과 미국은 이들을 조종하며 대리전을 계속하여 100년간 꿈꾸어 온 대과업 '러시아 멸망과 자원 수탈'을 도모하고 있다.

2011년 오스트리아 대사 겸 유엔 주재 영국 대표인 리 터너(Leigh Turner) 장관은 "영국이 러시아에 대항하는 무기로써 우크라이나에 계속 집중하여 지원해야 한다."며 "우크라이나를 나토의 대리인으로 만들되 나토 회원국의 혜택과 집단적인 보호 보장을 제공하지 않아야 한다."고 말했다. [147)]

영국은 우크라이나가 러시아를 도발하는 준비 과정에서 핵심적인 역할을 하였고 전쟁이 일어난 다음에는 수십억 달러의 무기와 특수부대원, 용병들을 우크라이나로 보낸다.

2015년 영국 공수부대원들은 우크라이나군을 훈련시키기 위한 오비탈 작전을 수행했고 2018년에는 영국 해군과 해병대 요원으로 구성된 훈련팀이 우크라이나 해군의 훈련을 위해 배치되었다.

2021년 영국은 17억 파운드의 자금을 조달하고, 그해 8월 영국군, 미군, 캐나다군, 스웨덴군도 참여한 다국적 합동 훈련을 우크라이나군도 포함시켜 함께 훈련하였다. 또 400명으로 구성된 전투단은 우크라이나 대원 54명과 함께 실사격 훈련을 하였고, 기계화 여단은 돈바스 지역에서 여러 차례 특정 임무도 완수하였다.

2022년 2월 아프카니스탄, 이라크에서 참전하였던 특수항공서비스(SAS) 정예 대원들이 민간기업의 돈을 받으며 참여하여 최일선에서 러시아 정찰병을 사살하는 등의 임무를 수행하였다.

또 특수항공서비스(SAS)의 사보타주 전문가 20명이 우크라이나에 투입되었고, 폴란드의 특수항공서비스(SAS) 부대는 우크라이나인들에게 사보타주를 훈련시켰다.[148]

당시 외무장관이었고 나중에 단기간의 총리를 지낸 리즈 트러스는 BBC 방송에서 우크라이나에서 싸우는 영국인을 지지한다며 러시아를 자극하였다. 초기의 용병 2만 명 중에서 영국인이 3천 명이었다.

나토 사무총장 스톨텐베르크도 우크라이나의 돈바스 지역에서 러시아계 주민들에 대한 전쟁은 사실상 2014년부터 이미 시작되었다고 시인했다.

그리고 포르첸코 대통령은 인터뷰에서 "민스크휴전협정은 우크라이나가 4~5년간 나토와 함께 군대를 재정비할 시간을 벌기 위해 임시방편으로 조인했다."고 고백하였다.

한편 우크라이나는 러시아가 분쟁에 개입했다고 주장하며 러시아를 '침략국'으로 국제사법재판소(ICJ)에 제소하였다. 그러나 국제사법재판소(ICJ)는 오히려 포르첸코 정권이 러시아계 학생들에게 우크라이나어로 학교 교육을 실시함으로써 차별 금지 조약을 위반했다고 판결하고 우크라이나의 주장들을 기각하였다.

12.
젤렌스키 대통령의 선거 공약과
미국 CIA 국장 윌리엄 번스의 방문

2019년 4월 코미디언 출신의 영화배우인 유대인 젤렌스키는 기성 정치권의 부패와 무능 그리고 장기적인 경제 불황에 대한 국민들의 높은 반발을 의식하여 "부패를 척결하며 세제를 개혁하겠다."는 선거 공약과 아울러 "돈바스 지역의 분쟁을 끝내고 평화를 되찾겠다."는 선거 공약을 앞세워 평화를 바라는 국민들의 폭넓은 지지를 받으며 우크라이나 대통령으로 당선되었다.

정치 경험이 없고 지지 기반이 약하여 꼭두각시 역할을 할 뿐이라는 우려도 많았는데, 당선 후에는 "평화를 되찾겠다."는 선거 공약을 뒤집고 나토 집행부의 지시를 받아 동부 지역에 견고한 방어 진지를 구축하고, 나토 군사 장비의 배치와 전쟁 물자 비축 등의 본격적인 전쟁 준비를 계속한다.

2021년 9월 1일 미국은 '미국-우크라이나의 전략적 파트너십에 대한 공동성명'을 통하여 전략 무기의 제공과 군인들의 훈련, 공동 군사 훈련의 개최를 선언하고 전략 무기의 배치를 추진하면서 러시아의 군사 행동을 유발시킨다.

2022년 1월 12일 미 CIA 국장 윌리엄 번스는 우크라이나를 찾아와 젤렌스키 대통령을 만나고 바이든 대통령의 메시지를 전달했다고 하며, 2월 13일 젤렌스키는 돈바스 지역에 대해 공격을 명령하였다고 한다.

이런 소식은 런던과 키예프에서 바로 유출되어 영국의 보험 대기업 로이드(Lloyd)는 2월 14일부터 우크라이나 영공에 대한 분쟁위험보험 서비스를 중단했고, 우크라이나 재벌 기업인들과 정치인들이 가족과 함께 개인 전세 제트기로 스위스, 오스트리아, 프랑스로 탈출하고, 서방 외교관들과 외국인들도 우크라이나를 탈출하게 된다.

젤렌스키의 공격 명령에 따라 우크라이나는 실질적인 휴전협정 파기와 더불어 대규모 침공을 시작하였다.

민스크협정의 일환으로 유럽안보협력기구(OSCE)가 협정 준수의 특별 감시 활동을 하고 있었고, 이들이 기록한 협정 위반의 폭격 행위 발생 건수를 집계한 자료는 다음과 같다.

2022년 2월 16일에 509회 정전 위반과 316회 폭발음이 있었고, 2월 17일에 870회 정전 위반과 654회 폭발음, 2월 18일에 1566회 정전 위반과 1413회 폭발음, 2월 19~20일에 3231회 정전 위반과 2026회 폭발음, 2월 21일에 1927회 정전 위반과 1481회 폭발음, 2월 22일에 1710회 정전 위반과 1420회 폭발음 등의 정전협정 위반이 발생하였음이

OSCE의 기록으로 확인되고 있다.[149]

그리고 러시아를 궁지로 몰아넣으려는 미국 계획의 한 조각이 2022년 1월 25일자의 랜드 연구소 기밀보고서가 유출됨으로써 밝혀졌다.

"독일이 러시아산 에너지를 거부하게 만들 유일한 방법은 양국을 우크라이나 군사 분쟁에 개입시키는 것이다. 우리가 우크라이나에서 지속적으로 활동한 결과, 이제 러시아는 군사적 대응이 불가피해졌다. 돈바스 공화국들에 대한 우크라이나 군대들의 대대적인 압박을 러시아가 수수방관할 수 없다는 점은 명명백백하다."라고 했다.

또 "이때 우리는 러시아를 침략자로 선포하고 미리 준비한 대러시아 제재조치 패키지를 실행할 수 있다. (중략) 따라서 **'푸틴의 침략 전쟁'이라는 미디어 이미지를 재빠르게 만들어 내는 것**만으로도 전문성이 부족한 독일 녹색당의 지도부들을 제재의 열정적이고 강경한 지지자로 돌려세울 수 있다."고 작성되어 있었다.[150]

컬럼비아대학 제프리 삭스 교수는 "우크라이나 전쟁은 미국 네오콘이 추진한 30년 프로젝트의 정점이다."라고 비판했다.[151]

13.
러시아의 특수 군사 작전 개시

우크라이나가 휴전협정을 위반하여 동부 지역에 대규모 폭격의 전면전을 개시한다는 이런 긴박한 상황에서 2014년 이래 우크라이나의 네오나치 아조프 대대로부터 수없는 폭력과 살해를 당하던 러시아계 주민들의 무고한 희생을 더 이상 방치할 수 없다는 거센 여론이 러시아 국내에서 일어났다.

2014년 5월 2일 발생한 오데사 학살 사건을 계기로 진격을 할 명분이 충분했음에도 불구하고 8년간 개입을 하지 않고 오직 평화적인 해결만 추진하여 러시아 국민들로부터 비난받던 푸틴은 2022년 2월 21일에 도네츠크 인민공화국, 루간스크 인민공화국의 독립을 승인하는 대통령령에 서명하고 이들 공화국의 요청에 의거하여 지원군의 파견을 명령한다.

국제법상의 합법적인 절차를 이행하였다. [152]

러시아는 이런 군사적 개입 결정이 우크라이나의 돈바스 침공에 대응하여 부득이 행해진, 강요되어진 결정이라고 하며, 유엔헌장 제51조에 언급된 '집단 자위권'에 해당되고 국제법상 무력 사용 금지의 예외 사유이므로 국제법상으로도 위배되지 않는다고 말한다.

2월 24일, 러시아 병력이 돈바스 지역으로 들어오게 되니 서방에서는 랜드연구소에서 작성된 2022년 1월 25일자 보고서에서 언급한 것과 똑같이 일제히 러시아가 우크라이나를 침공했다고 선전하기 시작한다.

이윽고 러시아는 우크라이나군의 공격에 대응하여 '전면전이 아니라 전투원과 전쟁 무기 및 군수품 비축 창고를 대상'으로 하는 전투대대급 단위의 특수 군사 작전을 개시하기에 이른다. 특수 군사 작전의 대대급 전술단은 '대등한 능력을 갖는 강대국 간의 전면전에 대비하는 것이 아니라 지역 분쟁의 해결에 최적화된 부대 편성'이라는 것이다. 정식 선전포고에 따른 전쟁과는 교전 수칙이 엄격히 다른 특수 군사 작전인 것이다. [153]

노엄 촘스키 교수도 인터뷰를 통하여 "러시아는 확실히 도발되었고 증거는 셀 수 없이 많으며 서구 언론들은 일어난 일과 반대되는 내용을 매우 획일적으로 주장하고 있다."고 서방의 선전, 선동 공작을 지적한다. [154]

또 스위스군 소속으로 스위스 전략정보국 동유럽 담당관이었고, 민스크평화협정의 준수 여부를 감시하던 OSCE의 우크라이나 특별 감시 임무를 직접 보고받던 자크 보 대령은 "우크라이나군은 2월 16일부터 돈바스에 대한 대규모 포격을 개시했으므로 전쟁은 사실상 2월 16일에 시작되었다."고 했다. [155] 또 " 우크라이나군의 임박한 총공세에 떠밀린 러시아군이 2월 24일 총반격을 시작할 것이라고 미국과 나토는 이미 예상하고 있었다."고 밝히며[156] '서방의 부도덕한 우크라이나 대리전 정책'을 비판하였다.

영미의 언론들은 오히려 러시아가 선량한 민주주의 국가인 우크라이나를 침공하였다고 선전, 선동을 하며 국제 정세에 무관심한 대중들을 속였으나, 발달된 미디어 환경 덕으로 우크라이나가 '유럽에서 가장 부패한 나라'라는 사실과 우크라이나 아조프 네오나치 군인들의 나치 깃발과 몸에 새겨진 나치 문신 그리고 잔혹한 행동들이 개인 SNS와 텔레그램과 유튜브를 통해 전 세계에 전파되었다.

영국의 경우 영국 외무부의 자금 지원을 받는 악명 높은 선전, 선동 기관인 IfS(Institude for Statecraft)은 언론인, 학자, 반러시아 성향의 유튜버 등을 연구원으로 임명하여 활동하고 있고[157], 미국도 막대한 선전, 선동 기관이 있다.

영국과 미국의 정부 산하 조직 그리고 금융 재벌, 군산복합체, 언론들과 사이비 시민단체들이 한 팀이 되어 수십 년 동안 잘 조직되고 훈련된 거짓 선전 시스템을 전 세계적으로 작동하고 있다.

한국에도 국내 일부 기업들의 자금 및 일본과 미국의 자금을 지원받는 댓글 공작 조직과 극우 단체가 결속되어 악의적인 선전선동 활동을 하며 '거짓 뉴스'로써 국민들의 여론을 '친서방'과 '친우크라이나' 쪽으로 몰아가고 있다.

키예프 가까이 진군하여 한 달 정도 포위를 하였던 러시아 정규군이 이스탄불에서 열리고 있던 휴전협상의 전제조건에 의거하여 북쪽으로 철수하게 되었는데, 철수하면서 우크라이나 민간인들을 학살하였다는 '부차 학살' 사건이 있었다. 이 사건이 서방 언론에 의해 대대적으로 보도되며 러시아 군대의 잔혹한 전쟁 범죄를 서방은 전 매체를 통해 규탄하였다.

이 '부차 학살' 사건의 일방적인 보도는 서방의 여론을 움직여 군사적 지원을 끌어오기 아주 좋은 소재였고 그 결과는 성공적이었다.[158]

이탈리아 '스카이 TG24' 채널에서는 러시아군 철수 후에 곧바로 우크라이나 비밀경찰에 의한 부역자 색출이 있었고 그들의 처리 결과는 모른다는 보도를 하였다.[159]

민간인 학살 행위는 러시아 정규군의 전투 교리상 불가능한 일이며 항공사진의 촬영 결과와는 달라 조작 가능성을 제기하는 주장도 많다. 그리고 앞에서 언급했던 보스니아의 스레브레니카 학살 사건과 판박이 같은 사건 전개인데 이것도 우크라이나 비밀경찰에 의한 부역자 처벌의 '가짜 깃발'인지는 훗날 많은 자료들이 공개되면 비로소 진실에 접근할 수 있으리라 생각한다.

이처럼 오랫동안 잘 훈련되고 조직된 거짓 선전 시스템의 거대한 세력 앞에서도 현재의 발달된 개인 미디어 방송의 덕으로 강력하던 영미 언론들의 여론 조작 공작들에 큰 균열이 생기고 있고, 그 틈새로 진실이 확산되고 있는 실정이다.

외국의 여러 지식인들과 언론인들 그리고 소수의 눈 밝은 국내외의 한국인들이 개인 미디어 방송 등을 이용하여 진실을 알리고 있다.

불과 10년 전만 해도 오늘같이 진실에 쉽게 접근하기가 어려웠을 것이나 다행하게도 지금은 전 세계의 모든 이슈에 대한 진실에 다가서기가 쉬워졌다.

이처럼 이전에는 더 많은 왜곡 보도가 있었을 것이며, 민중들은 진실을 모른 채 왜곡된 거짓보도를 따라 얼마나 많이 부화뇌동하였겠는가.

돌이켜 생각해 보니 나 스스로의 무지했던 시절이 반성된다.

사실을 모르고 오히려 비난하며 윽박지르는 사람들도 지적 영역이 확대되고 때가 되면 진실을 알게 되리니, 어찌 이들에게 돌을 던지랴.

5장

러시아 특수 군사 작전의
전망과 세계적인 파급 효과

1.
러시아 특수 군사 작전의 전망

영미 신문들을 무비판적으로 복사하고 확대 보도하는 국내의 신문들과 방송들을 보면 곧 러시아는 패하고 푸틴은 병으로 금방이라도 죽을 듯 보이지만, 오히려 미국과 나토의 허약한 전투 역량이 개인 SNS와 유튜브 등을 통하여 전 세계에 사실적으로 노출되고 있다.

우크라이나는 2014년 이후 막대한 물량의 군사 장비를 미국으로부터 지원받고 영국과 미국으로부터 군사 훈련을 받아 유럽 최강의 전투 능력을 갖게 되었고, 전쟁이 일어난 후에도 나토 국가들로부터 엄청난 전쟁 장비들을 지원받았다.

전쟁 초기에는 영미 언론들이 하나같이 러시아군이 참패를 하고 있으며 러시아군의 장비도 형편없다는 식으로 심지어 영상을 조작하는 방법도 사용하면서 폄하하고 조롱하였고, 영미언론 모두가 러시아의 패배와 우크라이나의 승리를 확신하는 나팔을 불었다.

한국의 언론과 보수 유튜버들도 그렇게 나팔을 불었기에 한국의 대다수 국민들도 그렇게 인식하게 되어졌다.

러시아의 전술 작전에 따라 지지부진한 전선을 유지하므로 그렇게 해석할 수도 있으나, 일부 군사 전문가들은 러시아가 방어선을 견고하게 쳐 놓고 진격해 오는 우크라이나 군대를 들어오는 족족 파괴시키므로 매우 효율적인 작전이라고 분석하니, 이런 전선의 변화 상황은 오직 작전 계획의 기밀한 문제이므로 민간인 수준에서 그 은밀한 군사 작전을 평가할 수 없는 것이다.

러시아 군대가 대규모의 폭격과 대대적인 진격으로 우크라이나를 향해 시원하게 진격해 가는 모습으로 보이지 않으니 약세에 처해 있어서 그렇다고 오판할 수 있다.

그러나 우크라이나와는 여태까지 같은 연방으로 산업시설과 농업시설과 군사시설을 공유하며 살아온, 키예프 루스 대공국까지 역사적으로 한 뿌리이며 서로 친인척 간으로 얽혀 있는, 문화적으로 분리하기 어려운 같은 슬라브 민족이다. 그러므로 푸틴은 최근에도 "나에게는 그들이 지금도 역사를 함께한 형제들."이라고 말하고 있는 것이다.

또 19세기 이래로 러시아가 직접 만들었던 산업 도시들의 아파트와 공장 지대 곳곳에 심지어 쇼핑센터 주차장 등에 아조프 나치 군대가 민간인을 방패 삼아 진지를 구축하였으므로 매우 세심하게 공격하고 있고, 미국이 베트남이나 이라크에서 또 이스라엘이 팔레스타인 가자 지구에서 했던 것 같은 대규모 융단 폭격을 하지 않고, 같은 슬라브 민족인 민간인들의 피해를 최소화하기 위해 조심스레 진군하는 것이 진실이다.

1868년 상트페테르부르크 선언은 "국가가 전시에 달성하기 위해 노력해야 할 유일한 합법적 목적은 '적의 군대'를 약화시키는 것이다."라고 명시하며 '민간인에 대한 군사 작전은 불법'이라고 정의하였고, 1977년 제네바협약 제1의정서 제51조 5항 b에 '소기의 구체적이고 직접적인 군사적 이익에 비하여 과도한 우발적인 민간인 생명의 손실을 초래할 것으로 예상되는 공격'을 금지하고 있다.

따라서 러시아는 특수 군사 작전 동안에도 국제법의 규정에 따라 민간인 생명의 손실을 피하려고 지지부진한 모습의 전투를 하는 것이다.

반면에 미국의 정치인들은 우크라이나 국민들이 전쟁을 계속해야 한다고 전쟁 자금과 전투 장비를 지원하고 또한 휴전협상을 방해하면서 우크라이나 국민들이 다 죽을 때까지 서로 싸우라고 부추기고 있다.

심지어 "적은 금액의 달러를 들여 우크라이나를 지원하고 러시아를 파괴시키면서도 미국 시민들은 희생되지 않으니 매우 경제적이다."라고 하고, 또는 "미국의 공식적인 정책은 마지막 우크라이나인까지 러시아와 싸우게 하는 것."이라고[160] 당당하게 인터뷰하는 미국 정치인과 군인들이 허다하니, 이익에 눈이 멀어 우크라이나 국민들을 전쟁의 불구덩이로 몰아넣고 있는 이들은 그들이 신앙한다고 늘 자랑하며 선전하는 '사랑과 평화의 그리스도 예수'를 단지 입으로만 아는 엉터리 신도들이든지 또는 인과율(因果律)을 모르는 비(非)신앙인이다.

지금은 우크라이나가 보유하고 있는 거의 모든 장비들이 파괴되었고, 거의 모든 전투병이 이미 사망하거나 부상당한 것으로 알려지고 있다. 새로운 병력을 징집하기 위하여 길거리에서 무차별적으로 남성을 체포하고 있으며, 인접국으로 탈출하려는 사람들을 검문하여 체포하며, 여성들도 징집을 하고 있다.

동유럽에서 가장 부패한 나라로 평가된 우크라이나 정권의 지도자들은 해외로 재산을 빼돌리며 젤렌스키 대통령의 경우는 이스라엘, 플로리다에 대저택을 구입한 것으로 알려지고 있고, 영국 BBC 방송이 '포브스'를 인용하여 보도한 내용에는 젤렌스키 대통령의 재산이 전쟁 기간 동안 6억 5천만 달러에서 1조 9800억 달러로 대폭 증가하였다고 한다.

또한 각료들도 딸의 결혼 선물로 해외의 대저택을 구입하는 등 이들의 재산 증식도 무척 많다고 알려져 있다.

그러므로 사망 군인이나 부상 군인 가족들에 대한 연금도 지급하기 어려우며 공무원 월급도 지급하기 어려운 상태이다.

군사력과 보급 능력 그리고 군수산업의 경제력에서 러시아가 나토 국가들의 총합보다도 압도적으로 우세하다.

탱크, 미사일, 항공기, 드론 등 각종 전투 장비의 연간 생산량이 미국과 유럽을 합친 것보다 압도적으로 많고, 전투기나 미사일의 사양도 훨씬 우수하며 가격도 저렴하고 생산 속도도 빠르다.

미 육군 참모총장도 "포탄 연간 생산량은 러시아의 생산 물량이 미국과 EU가 합친 것보다 7배나 많다."고 NYT와 인터뷰하였다. 미국과 나토 국가들의 실제 전투 병력을 다 합쳐도 러시아의 전투 인원을 따라오지 못한다.

러시아의 극초음속 미사일의 경우에는 미국의 방공장비 패트리어트 미사일로도 방어하지 못한다.

미국의 핵미사일 시설도 40~50년 전에 만들어졌고 30년간 개량하지 않아 이제 개량하려고 해도 보관된 도면도 없고 이 내용을 알고 있는 엔지니어도 다 은퇴하고 없어 개량이 불가한 실정인데, 러시아는 미국보다 최소 2세대 이상 앞선 시스템으로 실전 배치되어 있다고 한다.

이번 전쟁에서 러시아가 일방적으로 승리한다.

영국과 미국과 나토 국가는 스스로가 했던 거짓 선전 홍보물에 스스로 도취되어 정신 승리만 하고 있을 뿐이다. 전쟁에서의 패배를 더 이상 세계 시민들에게 감추지 못할 지경에 이르고 보니 서방측에서 뒤늦게 진실의 한 단편들을 조금씩 보도하기 시작했다.

지난번 민스크휴전협정을 우크라이나가 전력 증강과 방어진지 구축의 시간 벌기로 이용하였던 것을 이제 러시아 국민들이 잘 알고 있으며, 러시아의 국가 안보를 위한 완충 지대로서 우크라이나의 '비무장화'와 '탈나치화'가 특수 군사 작전의 목표이므로 이 목표가 달성될 때까지 전쟁은 더 오래 진행될 것이다.

또한 미국은 소련을 아프가니스탄에서 10년 동안 함정에 빠뜨려 궁극적으로 소련이 망하도록 하였으므로, 이번에도 러시아가 이 전쟁에서 빠져 나오지 못하도록 휴전협상을 방해하는 것이 전쟁을 통해 돈을 버는 그들에게는 당연한 선택으로 보인다.

그러나 칼로 일어선 나라는 칼로 망하는 것이므로, 이 엄정(嚴正)한 인과율을 영국과 미국의 제국주의자들이 어찌 피할 수 있으랴.

2.
세계적인 파급 효과

1) 약소국들의 인식 변화

① 이스탄불에서 개최되어 쌍방 간에 사인까지 마친 러시아-우크라이나의 휴전협정을 영국의 보리스 존슨 총리가 급하게 젤렌스키를 방문하여 휴전협정을 맺지 말고 전쟁을 계속하라고 강제함으로써, 우크라이나 국민들의 목숨을 전혀 귀하게 여기지 않는 서구 세력의 무자비하고 비정한 민낯이 세계적으로 드러나게 되었다.

② 미제 탱크나 방공 장비들이 러시아의 드론 또는 초음속 미사일에 속수무책으로 당하는 것이 드러나고, 값비싼 미제 무기가 전장에서 오작동에 의한 사고도 많이 일어나고 있는 것이 세계적으로 적나라하게 알려져 동남아나 아프리카의 약소국 국민들조차 미국의 군사력이 과대 선전된 종이호랑이인 것을 보게 되었다.

③ 서구의 군사력을 겁내던 아프리카 대륙의 말리, 니제르, 부르키

나파소 등에서도 나토 군사력의 허약한 실제를 보게 되어 더욱 세차게 민족 자주 운동이 확산되고 있으며, 니제르에서 식민지 시대의 지배국이었던 프랑스 군대의 추방을 요구하는 민중 시위가 발생하였고 프랑스는 부대를 철수하였다.

그런데 프랑스는 핵발전소의 연료인 우라늄을 여태껏 니제르에서 헐값에 가져가 자국의 원자력 발전에 값싸게 이용하는데, 정작 니제르 국민의 60%는 전기의 혜택을 보지 못하는 열악한 환경 속에서 생활하도록 방치하고 있었다.

이는 영미의 정치가와 학자들이 공공연하게 말하는 "서구가 부유한 상태를 유지하도록 아프리카는 빈곤한 상태로 머물고 있어야만 한다(Africa has to stay poor for world to be rich)."는 논리에 따른 것이다.

④ 사우디아라비아와 여러 나라들이 브릭스에 가입하려고 신청을 하고 있으며 브릭스 국가들이 단결하여 달러 패권으로부터 독립하려는 움직임의 계기가 되었다. 이제는 브릭스 국가들의 GNP가 이미 G7을 능가하게 되었다.

⑤ 홍해의 작은 나라 예멘도 이제 자기 앞바다인 홍해를 거쳐 미국의 맹방인 이스라엘로 가는 화물선이나 유조선을 폭격하거나 위협하고 있으며 심지어 홍해 앞으로 왔던 미 항공모함과 구축함과 강습 상륙선이 오히려 후티군의 폭격을 피해 먼 바다 쪽으로 피난을 가는 형편이다. 값싼 수십 대의 드론이나 초음속 미사일로도 무척이나 비싼

항공모함을 격침시킬 수 있는 시대가 되었기 때문이다. 그리고 미 해군 전투함이나 항공모함의 방공장비가 오래된 구식이라 동시에 공격하는 수십 대의 드론을 격추시킬 수 없기 때문이다.

사우디아라비아도 미 공군의 영해 통과는 허용하여도 전투기의 착륙은 허락하지 않고 있는 실정이다.

⑥ 미국에 의한 이라크 침공, 리비아 침공, 시리아 침공 등으로 인해 이들 국가는 비참할 정도로 민생 경제가 파탄되어 추위와 굶주림에 동사자와 아사자가 속출하여도 이들 민간인에 대한 일체의 식수와 음식의 보급을 막고 있는 잔인하고 무자비한 미국의 모습을 생생하게 지켜본 아랍 국가들과 아프리카 국가들이 미국 대외 정책의 진실에 대한 큰 각성을 가지게 되었고, 급기야 미국에 대한 저항을 개시하게 되었다.

⑦ 독일과 러시아 간의 발틱해 해저 가스 공급 라인(Nord Stream)이 미국의 공작으로 수중 폭파되어져 특히 독일의 경우 가스 가격이 전에 비하여 4~7배 이상 비싼 가격으로 미국으로부터 수입하게 되었다. 따라서 많은 에너지를 사용하는 철강 제조 회사들과 자동차 업체, 화학 공장 등 대다수의 중요한 산업들이 중국으로 공장을 옮기거나 아니면 아예 폐업을 하고 있는 사례가 속출하고 있다. 가스 가격의 상승은 심지어 독일의 제빵 공장에도 심각한 원가 상승을 유발하여 판매 점포의 대규모 축소와 부도를 맞고 있으며 소비자 물가의 큰 상승에 따른 인

플레로 독일 국민의 삶이 더욱 고단해지고 있다.

⑧ 우크라이나에 대한 전쟁 자금 지원에 따라 농민들에게 지원되던 여러 보조금의 지불도 축소되고 있고 값싼 우크라이나 GMO 농산물의 수입에 따른 자국 농산물 매출 감소 또 우크라이나 난민들에 대한 생활 보조비 지원 등으로 자국 국민들에 대한 복지 상황이 나빠지고 있다. 따라서 국민들의 불만이 매우 높아져 자국 정부를 미국의 꼭두각시 정부라며 대규모 시위를 벌이고 있다.

⑨ 이처럼 유럽의 경제 사정은 바닥을 치고 있지만 미국의 정유회사는 러시아보다 몇 배 비싼 가격으로 유럽 지역에 대량의 석유를 수출하고 있어, 이들 미국 정유회사는 최대의 수익을 내고 있다.

⑩ 미국이 러시아의 해외 재산을 몰수 내지 동결하려는 움직임을 보이고, 무제한적으로 달러를 발행하는 것을 지켜본 미국의 동맹국조차도 달러를 매각하며 보유액을 축소하게 되었다. 즉 동맹국들조차도 기축 통화로서의 달러 역할에 의문을 가지게 되어 오히려 기축 통화로서의 지위를 미국 스스로 허물고 있다. 미국이 종이 돈 달러를 오랜 세월 동안 정치 외교적으로 또 경제 패권적으로 약소국을 압박하는 무기로 삼은 업보(業報)이다.

2) 새로운 시대가 열리고 있다

이제 미국이 홀로 모든 이익을 독차지하던 비도덕적이고 폭력적이고 야만적인 일극 체계에서 상호 간의 상생적인 이익을 도모하려는 상호 평등과 상호 호혜의 다극 체계의 시대가 열리고 있다.

미국의 정부와 금융 재벌, 군산복합체, 미국 언론들이 행하고 있는 야비한 모략과 잔인한 약탈과 일방적인 살육에 대해 약소국들의 정치인들과 지식인들은 수십 년 동안 당해 오면서 이미 잘 학습되어져 있고, 미국의 경제력 약화와 군사력 약화를 손바닥 보듯이 잘 파악하는 밝은 시대가 이미 되었다.

우크라이나 군대의 미제 무기가 맥없이 파괴되는 등의 생생한 정보가 신속하게 유통 확산되는 IT 시대가 되었고 가짜 영상으로 조작된 우크라이나의 뉴스와 영국의 거짓 뉴스 그리고 거짓으로 연출된 민간인 학살 뉴스를 세계 각처에서 다수의 민간인 전문가들과 현지인들이 곧바로 검증하고 반박할 수 있는 인터넷 시대가 되었다.

미국의 일방적인 경제력과 군사력이 무서워 가만히 뒤따르던 여러 약소국가들이 끼리끼리 힘 모우며 결집하여 자체적인 군사보호블록과 경제블록을 만들어 가고 있는 시대가 되었다.

푸틴 자신도 2022년 6월 17일 상트페테르부르크에서 열린 25차 국제경제포럼에서 "나는 단극의 세계 질서는 끝났다고 강조했습니다. 국

제관계 시스템 일체의 진정한 혁명적 지각 변동이 시작되었습니다."고 선언했다. [161]

그리고 7월 7일 러시아 하원 정당 지도자들을 만난 자리에서 '특수 군사 작전의 시작이 단극 질서의 종말이자 신세계 질서의 탄생'이라고 강조했다. "우리가 특수 군사 작전을 시작한 바로 그 시작이 미국이 만든 이기적인 규칙과 위선적 이중 잣대의 세계 질서를 근본적으로 붕괴시킴을 의미하기 때문이다. 우리가 시작하는 새 세계는 국제법과 진정한 인민 주권과 문명, 자신의 역사적 운명과 가치와 전통 속에서 살고자 하는 의지에 기반한다."고 하였다. [162]

결론적으로 요약하면 강증산 대천사와 최수운 대신사께서 평등하고 화평한 후천 시대가 오고 있음을 알려 주시었고, 원불교 소태산 박중빈께서도 후천 시대의 밝은 태양이 떠올랐으니 서로 평등한 관계로 상부상조하며 평화롭고 안락한 세상을 함께 만들어야 한다고 예시하신 바 있다.

이런 거대한 우주적 상생 운수(運數)를 개인과 가족의 이익만을 극대화하려는 앵글로-유대 자본가 그룹이나 몰염치한 정치인 그룹이 막을 수는 없는 것이다. 이 거대한 우주적 운수에 반하는 세력은 거센 탁류 속으로 떠밀려 갈 것이다.

푸틴은 이러한 거대하고 상생적인 시대정신, 우주적 운수(運數)와 같은 흐름으로 가고 있다고 판단한다.

6장

푸틴 대통령은
어떤 인물인가

1.
대중 언론 매체를 통해
갖게 되는 인식의 오류

일반적으로 대중들의 특정인에 대한 평가는 언론 매체를 통하여 오랜 시간 동안 드러난 발언이나 행위들을 근거로 자신의 수준에 따라 자의적으로 평가하게 된다.

어떤 사람의 실체나 어떤 사건의 진실을 알기 위해서는 오랫동안 지켜보아야 하고, 여러 가지의 자료를 조사해 보아야 비로소 전체 윤곽이 보이게 된다. 정치나 국제 정세에 대해서는 특히 그러하다.

공익을 추구한다고 말하지만 실제로는 주주의 이익을 추구하는 개인기업인 신문이나 방송의 한 두 꼭지를 보고 듣는 것만으로는 신문사 사주의 일방적인 주장이나 정권의 선전, 선동에 부화뇌동하기 쉽다.
여러 파편들을 잘 이어 붙여야만 비로소 전체 그림을 알게 되는 모자이크 판처럼 진실을 알아가는 일도 그러하다. 국내 신문회사들이 진실을 왜곡하는 기사 작성 사례에 대해서는 강준만 교수의 『노무현과 국민사기극』을 읽어 보면 큰 참고가 된다.

영국과 미국의 언론 회사도 마찬가지로 진실을 숨기고 왜곡하는 일이 일상적이다. 미국 바이든 대통령과 그의 아들이 중국과 우크라이나의 회사로부터 큰 뇌물을 받은 사건은 미 의회의 조사에 의해 많은 증거가 나왔고 심지어 녹취 파일이 공개되었는데도 미국 주류 언론사들은 아예 보도를 하지 않으며, 오히려 트럼프 후보를 부정적으로 묘사하는 것에는 무척 많은 시간을 할애하고 있는 것이다.

미국은 선진국이니 미국의 언론이 공정하다고 막연히 믿는 사람들이 대다수인데 전혀 그렇지 않다. 미국 폭스 뉴스의 앵커로서 진실을 잘 파헤치며 조회수 1억 명을 넘던 유명한 언론인 터커 카슨도 해고되었다.

미국의 대다수 신문은 유대인 재벌들의 소유이고 심지어 미국 대학의 유수한 언론 관련 학과들도 금융산업 재벌들의 지원금으로 운영되고 있으므로 결코 공정하지 않다고 보면 된다.

주주의 사적 이익을 우선하는 언론 회사들의 뉴스가 진실이라고 믿는 것은 이들에 의해 조종되는 꼭두각시가 되는 일이며, 어리석게 부화뇌동하여 사악(邪惡)한 무리들에게 힘을 보태 주는 무서운 죄업을 짓는 일이 된다.

우주의 철칙인 인과응보의 법칙에 따라 무척 두려운 업보를 받게 되는 일이다.

오늘날은 다양한 독립 언론과 용기 있는 개인이 운영하는 채널들을 통해 여러 각도의 정보를 얻어야만 비로소 진실에 그나마 가깝게 갈 수 있는 세상이 되어 버렸다.

한국에도 위대한 인물들이 국난의 시기에 등장하여 붉은 피를 산하에 뿌리며 사라져 갔다. 수많은 이름 모를 민중들과 널리 알려진 신채호, 신규식, 안중근, 조소앙, 여운형, 김구, 이희영, 김원봉 등등 헤아릴 수 없는 위인들이 있었으나 그 삶을 상세히 알려 공도자로 높이 존중하도록 계몽하는 사업에는 부족함이 너무 많아 그분들의 국량과 큰 뜻을 세세히 알지 못하는 아쉬움이 크다.

친일 세력을 집권시켜 대리인으로 내세우며 반공 이데올로기로 민족을 갈라치기한 미국의 식민지 정책과 이를 추종하는 사익추구 세력들의 조직적인 훼방의 탓이다.

악랄한 저질 신문, 저질 방송들의 흠집 내기와 여론 몰이로써 큰 인물들의 싹을 도려내었다. 위대한 인물들의 고매한 인격적 가치, 고난을 극복한 피나는 헌신, 천신만고 끝에 이룩한 눈물겨운 성과들을 감추어 버리고 왜곡하고 모함한 탓이다.

이런 방식으로 민족의 정기를 끊고 있는 매판 세력들과 매국노들의 작태를 바로잡지 못하는 현실이 애석하나, 이런 사악한 자들의 힘은 오래가지 못한다.

공정하지 못하고 악의적으로 세뇌를 유도하는 보도와 공정하지만 약하게 정의로운 소리를 내는 보도 사이에서 시민 스스로 언론보도를 정확하고 균형 맞게 살펴보는 일이야말로 민주주의를 지키고 세계 평화를 지키는 데 있어 가장 기본이 되는 중요한 일인 것이다.

2.
어떤 기준으로 사람을
평가할 것인가

사람의 인물됨을 어떻게 알아볼 수 있으며, 어떻게 평가할 수 있을까?

　세상에는 각양각색의 사람들이 어울려 복잡한 관계를 맺으며 살아가고 있는데 크게 나누어 보면 다음과 같다.

① 착한데 어리석어 불의한 세력에 부화뇌동하는 사람
② 착한데 슬기로워 지식 많은 사람에게 배우려는 사람
③ 지식이 많은데 불의한 세력에 빌붙은 탐욕적인 사람
④ 지식이 많은데 불의한 세력에 저항하지 못하는 사람
⑤ 지식이 많은데 불의한 세력에 저항하는 의로운 사람
⑥ 도덕적인데 국내외 정세에 아둔하여 불의한 세력에 놀아나는 종교인
⑦ 도덕적인데 국내외 정세는 알지만 불의한 세력에 저항하지도 않고 홀로 독야청청하며 행동하지 못하는 종교인
⑧ 도덕적인데 국내외 정세에 밝아 불의한 세력에 놀아나지 않고 세

상의 등불과 소금이 되고자 행동하는 종교인

사람의 국량(局量)과 역량(力量)을 알아본다는 것이 결코 쉽지 않아서 옛적부터 관상, 수상, 사주명리학, 점성술 등의 많은 시도와 노력이 있었다.

물론 현대의 여러 가지 역량평가 이론이나 심리학 등의 학문으로도 인물의 됨됨이를 잘 평가할 수 있을 것이다.

여기서 논의할 인물의 평가 방법은 오랫동안 우리나라에서 깊이 연마해 온 수신(修身)과 제가(齊家)와 치국(治國)과 평천하(平天下)를 추구하는 유학적 관점으로 평가하고자 한다.

우리에게는 고구려, 신라, 백제 시절부터 인재 양성에 국가적 총력을 기울이던 교육 제도가 있었다.

수신을 통한 인격 도야와 인격 도야에 근거하여 국가 경영을 잘하고자 했던 옛 조상들의 노력은 어떤 나라와도 뒤떨어지지 않을 만큼 가히 독보적이었다.

그리고 인재 양성을 위해 가정마다 눈물겨운 노력을 하였고, 가문마다 총력을 기울였고, 또한 국력을 집중하였다.

특히 유학의 학문 체계와 인격연마의 교육 체계는 조선 시대 매우 훌륭하게 정비되어 있었고, 현재까지 각 마을의 재실과 서당, 향교와

서원 그리고 각 행정 단위의 교육센터 등을 통하여 유학적 이념이 잘 유지되고 있다.

유학에서는 인품을 평가함에 있어 군자(君子)인지, 대인(大人)인지, 소인배(小人輩)인지를 항상 살폈다.

재색명리(財色名利)에 끌리지 않는 사람인지, 재색명리에 빠져버리는 사람인지, 일체의 사심(私心) 없이 오롯한 마음으로 공익을 위해 개인의 평안을 버린 지공무사(至公無私)한 사람인지, 공익을 우선하고 사적인 일을 나중에 하는 선공후사(先公後私)의 사람인지, 공익을 빙자하면서 뒤로 사익을 추구하는 빙공영사(憑公營私)의 사람인지를 엄하게 따지곤 하였다.

국가 경영을 함에 있어 일체 사심(私心) 없이 오직 백성의 평안과 국가의 안위를 위해 온몸을 바친 인품인지, 좋아하는 사람이나 좋아하지 않는 사람의 친불친(親不親)에 끌리지 않고 치우치지 않는 불편불의(不偏不倚)의 마음으로 공정하게 업무 추진을 하는지, 스스로의 부족을 늘 살피며 주변의 사람들과 잘 화합하는 인품인지, 주변의 사람들과 화합한다는 핑계로 파당을 짓고 명예를 탐내는 인품인지를 평가하였다.

옛 선비들은 벗을 사귐에도 엄격한 기준으로 살피었으며, 초야에 묻혀 가난하게 살아도 몇 명의 벗으로도 천하를 얻은 듯 행복해하였다.

사람의 인품(人品)과 국량(局量)을 잘 평가하고 가려서 사귀어야 함은 심지어 천자문을 막 뗀 수준의 아동을 가르치는 어린이용 교재인 '동몽선습(童蒙先習)'에서부터 이로운 벗 세 종류(익자삼우·益者三友)와 해로운 벗 세 종류(손자삼우·損者三友)를 강조하였다. 이처럼 옛 선비들은 사람을 잘 평가하는 것을 매우 중하게 여긴 것이다.

사람의 인물됨을 평가함에 있어 직관적인 통찰력을 사용하는 정성적(定性的)인 이런 유학적 평가 기준은 오늘날에도 충분히 효용성이 있다고 본다.

원불교 송정산은 "옛말에 신언서판(身言書判)이라 하여 풍채와 언변과 문장과 판단으로 사람의 인격을 논한다 하였으나, 그중 가장 중요한 것은 판단이며, 그보다 더 중요한 것은 오직 그 사람의 마음이라."고[163] 하였으며, "요즘 사람들은 외모만으로 인물을 논(論)하는 수가 많으나 도가(道家)에서는 그 마음바탕에 복덕(福德)의 종자가 싹 터고 있는가, 없는가로 인격을 판단하며, 요즘 사람들은 학벌이나 간판 등으로 인물을 논하는 수가 많으나 도가(道家)에서는 그 마음 가운데 진리를 알아가는 진취성이 있는가, 없는가로 인격을 판단하며, 요즘 사람들은 현재의 지위나 명예로 인물을 논하나, 도가(道家)에서는 그 행동이 정의(正義)의 길을 밟고 있는가, 못 하는가로 인격을 판단한다."고[164] 하였다.

이처럼 평천하(平天下)와 치국(治國) 그리고 제가(齊家)의 근본이 되는 수신(修身)은 어떤 과정과 어떤 정성 어린 노력으로 이루어지는가?

어떤 계기를 통해 세상의 공동선을 위한 굳은 뜻이 세워지고(입지·立志), 강한 결의(決意)와 신념(信念)이 생겨나게 된다.

그리고는 그 뜻을 이루기 위한 방법과 지식을 널리 배우고(학·學) 익혀야(습·習) 한다.

그 과정을 오래 지속하면 하늘의 질서와 만물의 상호관계(예·禮)에 대한 지혜를 체득하게 되고, 인간에 대한 공경(恭敬)의 마음이 익어 가게 된다.

마음속으로 지(智)와 예(禮)가 익어지면 드디어 사회로 나서서 세상에 유익한 일을 해야겠다는 의협심(義俠心)이 충만하게 되는데, 낮은 단계의 지(智)로서 자칫 공명심과 명예욕으로 사회로 나서게 되면 세상을 어지럽게 하는 경우도 많다. 그러므로 때에 이르거나 경솔하게 나서지(조동·躁動, 경동·輕動) 말고, 도덕을 가슴에 품고 몸을 낮추어(포도잠거·抱道潛居), 한 번 더 깊이 지혜를 연마(연도수심·硏道修心)하여 더욱 높고 넓은 단계를 향해 적공한다.

이때 비로소 크고 올바른 뜻(大義)으로 세상일을 맡을 수 있게 된다. 이 단계에서는 반드시 사회로 나서야 하고 세상을 위해 한 몸을 던져야만 의인(義人)의 단계에 들어서게 되는 것이다.

의인의 단계에서 시련으로써 굳게 단련되어지고 고난과 역경(逆境) 속에서도 평정심과 온화함을 유지하게 될 때, 이윽고 성자(聖者) 단계의 문턱을 넘어서게 되는 것이다.

유학에서 말하는 인의예지신은 성품의 특성을 의미하는 오상(五常)

이며, 모든 사람은 이 특성을 온전히 실현하지 못하여 부분적으로만 우세한 기질(氣質)을 나타내고 있고, 오직 성인은 이 다섯 가지 특성을 온전히 발현한다고 설명한다.

그러므로 저자는 옛부터 유학에서 널리 말해지던 신(信), 지(智), 예(禮), 의(義), 인(仁)의 의미를 응용하여 인물의 품격을 평가하려 한다.

첫 단계는 신(信)이다.

지혜가 동반되지 않는 신은 무지한 광신도의 신과 같고 하급의 신이다. 자기 향상을 위한 노력을 쉬지 않는 굳은 신념은 중급의 신이다. 국가를 위해 헌신하고자 하는 변하지 않는 신념은 상급의 신이다.

먼저 밝고 진취적이며 인류에게 도움이 되는 꿈, 목표, 서원(誓願)을 세워야 한다. 그리고 그 꿈을 이루어 보겠다는 굳은 신념이 서지 않으면 아무런 것도 이룰 수 없다(무신불립·無信不立)고 하였다.

투철한 자기 연마로써 자신의 학문을 성취하고 이를 통해 국가의 부흥을 도우고 인류의 평화를 이끌어야 하겠다는 굳은 신념이 생겨나야 하고, 또한 스스로 높은 인격의 성자가 되고자 하는 결심도 생겨나야 드디어 새로운 사람, 현자(賢者), 의자(義者), 인자(仁者), 성자(聖者)로 거듭날 수 있는 것이므로 가장 우선적으로 그리고 가장 기본적으로 신(信)을 강조한 것이다.

두 번째 단계는 지(智)이다.

폭넓은 독서와 학문 연마로써 건전한 생활 유지(항산·恒產)에 기본이 되는 지식을 취득해야 하고 또한 깊은 사색을 통해 천지만물의 생주이 멸(生住異滅)과 인간의 시비이해(是非利害)를 밝게 아는 수양(항심·恒心)을 통해 지혜를 얻어야 한다.

유학에서도 『대학』, 『중용』과 『맹자』 등의 수신(修身) 공부, 자치통감이나 춘추 등의 역사 공부, 활쏘기와 기마술의 체력 연마 그리고 음악, 시(詩)와 서(書)와 화(畵)의 예술적 교양까지 익혀 편협하지 않는 문화인이 되도록 하였다.

유학에서 대표적인 수신서(修身書)인 『대학』의 첫 문장은 모든 사람이 스스로 갖추고 있는 명덕(성품·明德, 불성, 양심)을 밝게 터득하고, 널리 백성을 아끼고 새롭게 하는 친민(親民, 新民, 동포애, 인류애)의 마음과 선에도 악에도 메이지 않는 지선(至善)의 자리에 머무는 큰 공부를 하여야 한다고 강조하였다.

명덕(明德·모든 사람이 누구나 스스로 갖추고 있는 성품, 불성, 양심)을 밝혀야 지선(至善)의 자리인 무심적멸(無心寂滅)의 무극(無極) 자리와 생생약동(生生躍動)의 태극(太極) 자리에 머물 수 있고, 이 지선의 자리를 알아야 일체 동포가 한 형제이며 사해동포(四海同胞)이고 사생일신(四生一身)인 것을 체득하게 되어 널리 동포애, 인류애를 실천하는 친민(親民)과 동포들을 새롭게 일깨우는 신민(新民)을 실천할 수 있는 것이다.

우크라이나와 러시아 특수 군사 작전 그리고 푸틴 대통령

삶을 위한 다양한 지식 획득만으로는 훌륭한 인격을 이루기 어려우므로 지혜를 얻는 공부가 반드시 필요한 것이니 불교에서도 견성(見性)을 그토록 강조하는 것이고 팔정도(八正道)의 첫 단계가 정견(正見)인 것이다.

생활을 위한 다양한 지식 획득만 얻는 것은 하급의 지이다.

인격 도야를 위한 수양으로 인생의 지혜를 얻는 것은 중급의 지이다.

명덕(明德)을 밝히고 우주 자연의 이치와 인간 심성의 원리를 궁구하여 얻은 지혜를 보태면 고급의 지이다.

셋째 단계는 예(禮), 즉 경(敬)이다.

널리 이웃과 인류를 사랑하는 친민(親民)의 마음으로써 어린아이를 대하는 예, 노인을 대하는 예, 아랫사람을 대하는 예. 윗사람을 대하는 예로 나누었으나 상호 간의 공경심(恭敬心)을 근본으로 처지에 맞고 상대에 합당한 차별적인 예법을 사용하도록 하였다.

사람마다 다르게 대하는 차별적인 예법을 배우고 익히도록 하였으되 상대방을 대하는 근본 마음은 오직 공경심(恭敬心) 자체였으며, 또 친민(親民), 애민(愛民)의 동포 사랑이요 인류 사랑이어야 했다.

최해월은 이런 친민(親民), 애민(愛民)의 인격 수양을 위해 경천(敬天), 경인(敬人), 경물(敬物)을 강조하였으니 결국 최수운의 동학사상에서 해월에게 전수된 핵심적 교리는 '경(敬)'이라고 할 수 있다. [165]

'한울'인 내 마음에 대한 공경의 경천(敬天)과 모든 인민에 대한 공경의 경인(敬人)과 모든 곡식, 채소, 음식, 물건들에 대한 공경의 경물(敬

物)을 일상생활 속에서 쉼 없이 실천하라는 것이다. 따라서 "천지만물이 곧 한울님이니, 남을 위해 희생하려는 마음과 세상을 위해 의무를 다할 마음이 생기는 것이며, 경천만 있고 경인이 없다면 이는 농사의 이치는 알되 종자를 땅에 뿌리지 않음과 같고, 사람을 공경하지 않고 귀신을 공경하여 무슨 실효가 있겠는가?"라고[166] 하였다. 또 " 사람이 사람을 공경하는 것만으로 도덕의 극치가 되지 못하고, 나아가 물(物)을 공경함에까지 이르러야 덕에 합일할 수 있다."고[167] 하였으니 이런 경지가 최고 수준의 경(敬)인 것이다.

원불교 송정산은 "예의 근본정신은 첫째 널리 공경(恭敬)함이며 천만 사물을 대할 때에 항상 공경 일념을 잃지 않는 것이고, 둘째 항상 겸양(謙讓)함이며 천만 사물을 대할 때에 항상 나를 낮추고 상대편을 높이는 정신을 잃지 않는 것이다. 셋째는 내가 예의에 어긋남이 없는가를 항상 살피고 상대편의 반응에 따라 내가 지켜야 할 예의를 저울질(계교·計較)하지 않는 정신을 가지는 것이다."라고 정의하였다. [168]

단지 고지식하게 옛 풍습 그대로를 답습하는 식의 형식적 예의범절을 의미하는 것은 하급의 예이며 자칫 위선적인 예이다.

이웃의 아픔에 공감하며, 온 인류는 다 같은 동포라는 사해동포(四海同胞)의 의미와 태난습화(胎卵濕化)의 모든 생령들이 다 같은 한 몸이라는 사생일신(四生一身)의 이치를 우선 지식적으로라도 이해하도록 하여 인류애의 큰 자비심을 키우며, 인간에 대한 공경의 마음과 우주, 자연을 주재하는 진리에 대한 경외심(敬畏心)을 체화(體化)하려는 일상의 공손하고 겸허한 노력을 지속하는 것은 고급의 경(敬)이며 예(禮)인 것이다.

이런 노력을 다하기 위해 옛 선비들은 서재에 경(敬) 자를 크게 걸어 놓았던 것이다. 인간에 대한 참다운 공경심과 우주, 자연에 대한 진실한 경외심(敬畏心)은 깊은 수양이 있어야 완벽하게 실천되는 높고 귀한 일이다.

넷째 단계는 의(義)이다.

학문을 익혔다고 해도 실행이 없다면 열매 없는 꽃같이 헛된 것이 되고, 그 배운 학문이 자신만의 작은 이익을 얻으려는 수단으로 전락하며 급기야 타인을 해치는 날카로운 도구가 되기도 한다.

무뢰배의 치기 어린 의리나 혈기 넘치고 객기 부리는 의리는 하급의 의(義)로서 옛 선비들이 추구하던 고급의 의(義)가 아니다.

그럴듯한 학문적 언어로써 사람들을 현혹하여 자신의 사적 이익과 권력을 탐하려는, 의롭지 못한 거짓 학자들이 넘쳐나고 있는 세상이다.

아는 것을 실천하려고 목숨을 초개같이 내던진 열사(烈士)들과 국가를 위한 정의로운 일에 거룩한 목숨을 바친 의사(義士)들이 널리 존경받는 까닭은 참다운 의인이 매우 적기 때문이다.

대의(大義)에 따르는 선비는 적고 대세(大勢)를 추종하는 여우같은 정치 장사치들과 학문 장사치들과 벼슬 장사치들이 많으니, 사회적으로 국가적으로 또는 세계적 대의(大義)에 몸 바치는 정치인과 선비들이 진실로 귀한 대접을 받아야만 하고 존경받아야만 하는 것이다.

오직 널리 민중을 위하고 국가와 세계를 위해 천신만고(千辛萬苦)와 함지사지(陷地死地)를 피하지 않으며 또한 생사(生死)에 걸림 없는 지순(至純)한 의(義)가 최고급의 의(義)이다.

조선 시대 선비들이 가장 힘썼던 분야는 의(義)이다. 그러므로 국난의 시기에 온 나라에 자발적인 의병 활동이 끊이지 않았던 것이다.

다섯 째 단계는 인(仁)이다.

경(敬)과 의(義)의 내외적 에너지가 성숙되고 충만하게 되는 과정에서 자연스레 인의 경지에 들게 된다.

인이라는 것이 세상 사람들이 흔히 말하듯이 단순히 착하다는 의미의 낮은 도덕적 단계를 의미하는 것이 아니다.

유학적으로는 내재화된 진리를 인(仁)으로 표현한 것이며, 이는 인간이 지극한 정성으로 적공하여 최상의 인격을 이루어 드디어 진리와 합일하는 최고의 도덕적 단계를 의미한다.

『대학』첫 문장에서 밝힌 명덕(明德)을 밝히고 이웃을 사랑(親民)하며 선악을 초월한 무극의 경지에 머무는(止於至善) 경지의 공부를 오래토록 정성껏 실천하는 분이다.

희로애락의 감정이 일어나지 않은 미발(未發)의 상태인 무념무상(無念無想)한 진리의 바탕 자리에 합일하여 모든 행동이 대의(大義)에 맞고 주변의 인연들 모두를 지혜로운 경지로 인도하려고 말과 행동으로 솔선하며 이끄는 분이다.

원근친소(遠近親疏)의 인연경계(因緣境界)와 희로애락(喜怒哀樂)의 감정 경계(感情境界)에 끌리지 않고 중도(中道)의 행(行)을 실천하는 분이다.

또한 온갖 고초를 당하고 세인들의 오해와 비난과 모함에도 증오와 보복의 마음을 내지 않고 나라와 백성을 위해 봉사하려는 마음을 오히려 더욱 굳게 하는 분이다.

이 같은 적공을 오래오래 쉬지 않고 갖은 노력을 다함으로써 드디어 진리에 부합되는 처신을 하는, 가장 높은 인격의 단계로서, 성자의 반열에 들어섰다고 말할 수 있는 경지이다.

사생(四生)이 나와 둘 아닌 한 몸(四生一身)이고, 모든 인류가 하나의 동체(同體)임을 잘 알아 백성들의 아픔이 내 아픔이며 백성들의 일이 곧 나의 일이므로 큰 자비심과 큰 사업심이 절로 일어나는 분이다.

서양의 기독교에서는 '모범적인 영적 삶을 살아 신앙의 모범이 되고 모든 신자들의 귀감이 된 교인'을 성인(聖人·Saint)라고 칭한다. 동양에서 말하는 성인과 같은 단어로 번역하여 사용하는 탓에 같은 수준으로 혼동할 수 있으나, 유학적 의미의 인자(仁者), 성자(聖者)가 의미하는 인격적인 깊이와 폭은 매우 깊고 넓으므로 선비들은 이 단어를 엄격하게 제한하여 사용하였다.

왜냐하면 동양에서의 성인은 진리를 신앙함과 동시에 스스로의 깊은 적공으로써 진리를 밝게 알고 또한 자신의 행동을 올바르게 하려는 오랜 시간의 적공으로써 드디어 모든 마음 씀과 행동이 늘 진리와 합일한, 가장 높은 인격의 단계에 이르신 분을 지칭하는 의미로 사용되었으므로 '성인'이란 단어를 조심스레 사용하였기 때문이다.

그러나 이 '성인'이란 단어의 의미를 세계적 4대 성인이나 5대 성인이라고 하며 너무도 높고 거룩하게 규정하게 되면, 일반인이 개인적 수양으로써 접근할 엄두를 내지 못하고 포기하게 하는 결함이 있게 된다.

따라서 이 글에서처럼 일반적인 세상 사람을 평가하기 위한 등급으로써의 인자(仁者), 곧 성자(聖者)는 불교적 의미의 보살처럼 '안으로 도덕심을 지키고 깨달음을 추구하며, 밖으로 지구촌의 민중들을 교화하고 큰 도움을 주려는 공익적 삶을 이룩한 인간'의 등급을 의미하는 것으로 한정하기로 한다.

동서양의 역사를 보면, 위대한 이름을 남긴 정치가나 군인들은 특별히 현군(賢君)이나 성군(聖君)이라는 칭호를 받는 일이 많았다. 현군(賢君)이란 신(信)과 지(智)와 예(禮)가 모두 충실한 단계의 인품을 이룬 지도자를 의미하는 것으로 볼 수 있다.

성군(聖君)이란 신(信)과 지(智)와 예(禮)가 모두 충실한 단계를 넘어 세상에 널리 대의(大義)를 드러내고 불의를 징벌하고 정의(正義)를 드높여 인민들로 하여금 선하고 바른 삶을 살아가도록 계도하는 단계에 오른 지도자를 의미한다고 볼 수 있다.

또한 모든 인민을 내 자녀처럼 사랑으로 대하는 자비심이 충만하여 널리 후생복리를 베풀려고 애쓰는 어진(仁) 단계에 오른 지도자를 의미한다.

3.
인물의 평가

한 사람을 평가할 때면 누구에게나 그러하듯이 살아왔던 시대적 상황과 주변 여건 그리고 나타난 업적과 남겨진 발언과 글 등으로부터 그 마음도 유추하여 평하여야 하듯이, 푸틴의 인품과 역량을 살펴보기 위해서도 이와 같은 절차를 거쳐야 할 것이다.

오래 곁에서 지켜보고 간간히 대화 나누어 보는 것이 가장 좋겠으나 지나온 행적과 연설, 언론 인터뷰, 장시간 생방송으로 진행된 국민들과의 대화 등의 자료에 의거하고, 저자 자신이 오랫동안 연마해 온 옛 경전과 유불선 사상의 이해를 바탕하여 직관적인 통찰로써 평하고자 한다.

한 길 사람 속을 알기 어렵지만 큰 솥의 국물을 다 먹지 않아도 오직 한 숟갈 먹는 것으로도 능히 그 맛을 알 수도 있듯이, 지내온 삶의 이력과 드러난 말과 표정과 태도로써 능히 그 그릇을 알 수도 있는 것이다.

유교적인 '신(身), 언(言), 서(書), 판(判)'의 기준에 의거하여 그동안의 드러난 말과 글과 판단력으로써 평가하고자 하고, 유교적인 '인, 의,

예, 지, 신'의 잣대를 사용하여 인물의 품격을 평하려 한다.

정치인이 모두 선량할 수 없고 모두 지혜로운 지자(智者)일 수도 없고 대의를 위해 온몸을 내던지는 의자(義者)일 수도 없다. 더구나 성인일 수도 없다.

그러나 그 오랜 기간의 행적을 지켜보면 지자(智者) 또는 현자(賢者)의 반열에 오른 사람도 있고, 만인평등(萬人平等)의 이치를 알아 우주와 인간에 대한 공경의 참된 예를 널리 실천하는 예자(禮者)의 경지에 오른 사람도 있고, 세상을 위해 명예를 바라는 바 없이 지순(至純)한 마음으로 대의(大義)를 행하는 의자(義者)의 경지에 오른 분도 있고, 그 의자(義者)가 오랜 인고의 시련들을 견디며 드디어 성자의 반열에 오른 분도 계신다.

지자의 반열에는 올랐으나 예자의 경지에 오르지 못한 사람도 있고, 예자의 경지까지 올랐으나 의자의 경지에는 오르지 못한 사람이 있고, 의자의 경지까지는 올랐으나 인자의 경지에는 아직 오르지 못한 사람이 있다.

이런 신, 지, 예, 의, 인이라는 잣대로서 한국에 잘 알려지지 않은 푸틴을 평하기 전에 먼저 비교적 잘 알려진 정치인들을 간략하게 평가해 본다.

1) 베트남의 지도자 호찌민도 13세에 식민 지배를 당하는 조국을 부강시키는 방안을 알고자 아버지를 졸라 프랑스인 학교로 진학하였고, 프랑스가 강국이 된 이유를 직접 체험하고자 16세에 유람선 식당 보조를 자청하여 파리로 갔고 런던과 뉴욕 등을 견문하였다. 프랑스의 패배와 미국의 침략을 예견할 만큼 국제 정세에 대한 밝은 지혜를 가지게 되었다. 자신의 운전기사조차도 신분을 알지 못할 만큼 백여 개의 가명을 사용하며 목숨을 건 독립 투쟁의 길고 긴 여정을 견디었고, 할머니의 가르침을 평생토록 지키며[169] 검소하고 청렴한 생활을 하였으며, 어린아이나 국민들을 사랑으로 대했던 점으로 미루어 성군의 반열에 오른 것으로 볼 수 있다.

2) 김대중 전 대통령은 인고의 기나긴 세월을 오래토록 견디며 깊은 인격과 탁월한 통찰력을 갖추었으며, 용서와 화해를 통해 민주주의의 정착 및 발전, IMF 극복과 국가의 안정 그리고 한반도 평화에 헌신한 정치가였다. 동서고금의 책들을 두루 읽어 그 대요(大要)를 꿰뚫은 사상가였다.[170]

"내가 내 국민을 위해서 봉사할 수 있는 한, 나에게는 불행이 없고 나에게는 슬픔이 없다." 또 "국민을 배반하면서 안전을 택하라고 한다면 차라리 죽음을 택하겠다."는[171] 말씀에서 의인(義人)의 반열에 오른 것으로 판단할 수 있다.

"우리 모두는 하나밖에 없는 지구를 생명처럼 아끼고 모든 인류가 이 지구상에서 안전하고 평화롭고 행복하게 사는 그러한 보편적 세계

주의를 위해서 적극 협력해야 할 것입니다. 한국은 인류의 평화와 번영과 복지에 적극 공헌하는 도덕적 강국이 되고자 최선을 다할 것입니다."는[172] 등의 명문장들과 살아온 삶을 보면 성군(聖君)의 반열에 오른 것으로 판단된다.

3) 이재명 민주당 대표는 어린 노동자 시절의 고난을 어머니의 사랑으로 잘 건너었고, 외롭고 힘들게 검정고시를 준비하던 소년 노동자의 흔들리지 않는 집념이 있었고, 대학생 청년 시절에 독재 정권을 타파하고 나라를 발전시켜야 한다는 각성과 신념으로 공부에 매진하였다.

사법연수원 졸업 이후 얼마든지 가질 수 있던 부귀와 권세를 굳이 마다하고 어린 소년 시절의 눈물과 땀이 어려 있는 그 힘들고 고단한 노동계로 돌아와, 동료이던 가련한 노동자들과 서민들을 위해 법률 지원의 업무에 투신한 점은 평범한 사람이 하기 매우 어려운 일이다.

재물욕과 명예욕에 끌리지 않은 대인(大人)의 행동이다. 사적(私的) 욕심을 극복한 매우 높은 경지의 의인이 아니면 밟기 어려운 역정이다.

눈물 어린 성장지 성남에서 시민단체 활동을 통해 시민들의 숙원 사업을 해결하기 위해 동분서주와 불철주야하면서 노동자와 시민들과 희로애락을 함께하였으니 친민(親民), 애민(愛民)의 마음이 충만한 의인(義人)임을 알 수 있다.

성남시장과 경기도지사 시절에 추진한 정책들과 실행력을 미루어 보면 매우 지혜로운 현자의 경지에 들어섰다고 본다.

또 아주 적은 표 차이로 대통령 선거에 실패하고 온갖 비방과 음해의 모욕을 견디며 또 70여 명의 검사를 동원하여 무려 727일 동안 376회의 압수수색을 하며 계속 물고 늘어지는 악귀 같은 정치검찰의 수사를 받으면서도 법률적 위반 항목이 드러나지 않았다. 지독하게 틀어도 먼지 하나 나오지 않으니 검찰은 증언 조작마저 시도하고 있는 모양새이다.

범상한 사람으로는 행하기 매우 어려운 청백리의 행위이고, 여러 생(生)을 철저하게 준비해 온 비범(非凡)한 인물이다.

그리고 가지가지의 악의적인 왜곡 보도에도 의연하게 견디는 모습을 보면 이제 신념과 지혜와 공경과 의로움을 넘어섰고, 드디어 마지막 단계, 인자(仁者)의 경지를 향해 묵묵히 나아가는 과정인 것으로 보인다.

현인이나 의인이 고난을 견디고 또 견디며 담금질되어져 비로소 성자가 되는 것인데, 최근의 암살 미수 사건에서 천우신조로 목숨을 건졌고 퇴원하면서 병원 문 앞에서 발언한 내용과 표정을 보면 드디어 생사거래(生死去來)에 애착(愛着)이 없으며 오직 민중의 행복과 국가의 중흥과 한반도의 평화를 위해 온 몸을 내던진 성군의 모습을 볼 수 있다.

인격 도야의 마지막 단계인 성자(聖者)의 문턱을 이제 넘어선 것으로 판단된다.

4) 척박한 한국 땅에서 온갖 고난을 견디며 잘 성장하고 있는 정치인

들 중 훌륭한 지도자의 싹들이 여럿 보이기도 하지만 아직 말하기 어렵다.

정치인 중에서 다른 훌륭한 분들도 많을 것이나, 나의 견문이 좁기도 하고 또 이 책의 주제가 아니므로 이만 그친다.

한때 인기를 끌었다고 다 현자이거나 의인이 될 수 없다. 한 때 슬기로운 판단으로 좋은 평판과 주목을 끌다가도 돈 경계에 넘어지거나 여자 경계에 넘어지거나 노욕(老慾) 경계에 넘어져 그 이름을 더럽히고 사라진 인물이 수없이 많다.

물론 치밀한 공작과 모함과 함정과 언론 플레이로 인하여 억울하게 묻힌 사람들도 얼마나 많겠는가.

국가적으로 귀중한 인물을 오물 속에 묻히도록 모함과 공작을 한 권력기관 종사자와 국민들의 눈과 귀를 가리는 신문 사업 종사자와 방송 사업 종사자들의 과보가 참으로 무섭고 무거운 것인데 이 인과율을 모르고 천방지축으로 한 줌의 권력을 남용하고 날뛰니 그들의 앞날이 측은하고 가련하다.

몸과 입과 마음으로 씨앗을 뿌리면 털끝만큼도 착오 없이 보응을 받는다는 인과율의 이치를 잘 아는 사람은 그 과보가 두려워 조심하고 또 조심하는 것이다. 그러므로 공자께서도 두렵고 두려우니 허물을 살피고 수양을 하자며 공구수성(恐懼修省)을 말씀하셨다.

우크라이나와 러시아 특수 군사 작전 그리고 푸틴 대통령

인과를 모르고 악독한 행동을 하는 중생들의 일은 자신의 큰 곡식 창고에 불을 질러 놓고 타고 남은 튀밥을 주워 먹는 것처럼 어리석은 짓인데, 하늘의 이치인 인과율을 모르니 제 스스로 악업을 지어 놓고서 무거운 죄업을 받을 때에는 오히려 하늘을 원망하고 부모를 원망하고 남을 탓하면서 비명 지르며 운다.

울고 있는 어린 중생들의 모습을 바라보는 성인의 마음은 아프고 아플 것이다.

오죽하면 강증산 대천사께서는 앞으로 닥칠 환란과 중생들의 고통을 미리 보시고 벽으로 돌아누워 한동안 흐느끼며 우셨다지 않는가.

4.
푸틴의 역정(歷程)과 발언들

1) 레닌그라드에서 태어나 2차 세계대전의 폐허 속에서 철없이 뛰어 놀다가 15살인 중학교 2학년(8학년)때 애국적인 전쟁영웅인 첩보원이 주인공으로 나오는 문예작품에 감명받았고, 조국과 국민을 위해 공헌 하는 사람이 되기를 바라던 부모님의 말씀을 떠올리며 주인공과 같은 첩보원이 되어 자신을 희생해서라도 조국과 인민에게 승리를 가져다 주고 싶은 열망으로, 무턱대고 직접 KGB 건물로 찾아가서 KGB에 입 사를 하려면 어떻게 해야 하는지를 물어보았다. 나이가 더 들고 대학 을 나와야 한다는 말을 들었고 무슨 공부를 해야 하는지 또 물으니 법 과대학을 나오면 좋다는 말을 들었다.[173]

철없이 놀기만 하던 약한 체격의 어린 소년이 영화 속의 첩보원처럼 애국자가 되어 조국을 부흥시켜야 하겠다는 순수한 꿈을 이루기 위해 그때부터 열심히 공부하여 당시 소련의 최고 대학 중 하나인 레닌그라 드 대학교 법학부 국제법학과에 입학하였다. 당시 국제법학과는 40 대 1의 치열한 경쟁률이었고 대학 성적은 늘 A학점을 유지했다고 한다.[174]

이때 법학부에서 경제학을 가르치던 아나톨리 소브착 교수를 만나

「국제법의 최혜국 원칙」이라는 졸업 논문을 지도받으며 인연을 맺게 된다. 훗날 푸틴은 "소브착이라는 '위대한 스승'이 없었다면 오늘의 나는 없었다."고 술회하였다.

어릴 적부터 연약하였던 신체를 운동으로 단련하며 우수한 성적으로 졸업하여 드디어 KGB에 입사하게 된다. 순수한 애국심을 오랫동안 가슴에 품고 그 꿈을 위해 열심히 학업에 몰입하며 체력도 단련한 점으로 미루어 보면, 사심 없는 순수한 애국심으로 충만한 열정과 목표를 향한 굳은 신념을 갖추었음을 알 수 있다.

2) 동독에 파견되어 서구의 경제, 언론, 정치 시스템의 장점들과 또 모순점에 대한 해박한 견문을 얻으며 재물과 여색에 물들지 않고 청렴한 공직 생활을 하였다. 당시 같이 근무했던 동료의 증언에 의하면 "놀라운 자제력과 신중한 행동, 감정을 드러내지 않는 표정까지 완벽한 KGB요원이었다. 무슨 일을 하던 항상 조용하게 자신을 드러내지 않으면서 똑똑하게 뛰어난 성과를 냈다."고[175] 했다. 동독이 무너지는 과정을 현장에서 세세히 보고 느끼며 조국 러시아의 정치 체계와 경제 시스템에 대해 그리고 고르바초프의 동방 정책의 약점에 대해서도 깊은 사색을 하며 조국 러시아의 부흥을 간절히 염원하였다.

3) 동독이 붕괴된 1989년 권력과 높은 급여가 보장되고, 부정한 축재의 기회가 많은 KGB를 스스로 퇴사하고 고향으로 돌아와 붕괴되는 조국 러시아의 모습과 혼란한 국내 정세를 지켜보며 나라를 위하는 길이

무엇인지 고민하며 택시 운전사로 생활을 꾸려 나갔다.

당시 높은 덕망과 러시아의 부흥에 대하여 밝은 비전을 가진 대학 시절 은사인 레닌그라드시 위원장 아나톨리 소브착을 돕기 위해 1990년 보좌관으로 정계에 입문한다. 이 당시 소브착은 후일 러시아 대통령으로 당선된 옐친, 후일 모스크바 시장으로 당선된 포포브(Popov)와 함께 소련 공산당 퇴진을 요구하던 개혁파였다.

1991년 소브착이 레닌그라드(상트페테르부르크) 최초의 민선시장이 되자 대외연락부 주임이란 직책의 최측근으로서 근무하던 중 1991년 소련 군부가 국가비상사태위원회를 만들며 고르바초프를 감금하고 쿠데타를 일으켰다.

푸틴은 군 당국을 설득하여 국가비상사태위원회의 상트페테르부르크 장악을 막았고, 생명의 위협을 감수하고 무장 경비대원을 직접 지휘하며 소브착을 보호하는 등[176] 상트페테르부르크를 안정시켰다.

이미 지방자치 제도를 채택하고 있던 상트페테르부르크시를 위해 열정적으로 업무를 추진하며 러시아 최초로 외환거래소 설립, 독일 은행의 지점 개설, 외자 유치 등의 경제 중흥을 위한 실적을 거두었으나, 소브착 시장 곁의 부패한 측근들로부터 오히려 배임 혐의로 고소를 당하고, 이 혐의를 벗어나는 등의 시련을 겪는다.

이 고소 과정의 가혹한 조사에서도 배임이나 사생활 문제 등의 범죄 행위가 발견되지 않은 점으로 보아, 권력을 부리는 지위에서 공직을 수행하던 젊은 시절에 미인계와 뇌물 등에 넘어가지 않을 만큼 도덕적 절제력을 가졌던 것으로 판단된다.

그렇지 않았다면 상대방 정치 세력이나 미국 CIA 또는 영국 MI6 같은 적들의 매수공작에 의해 약점을 잡혀 그 이후 제대로 대통령직의 업무 수행이 어려웠을 것이다.

후일 소브착은 "저와 푸틴은 1991년, 1993년 두 번의 쿠데타를 겪었습니다. 그때마다 보여 준 정렬과 충성, 그리고 노력은 저를 탄복시켰습니다. 푸틴은 좋은 가치관을 가졌으며 지혜와 용기를 갖춘 영웅입니다. 그는 옳지 않은 일을 하지 않는 올바르고 젊은 사람입니다. 6년 동안 함께 일했지만, 푸틴은 저에게 한 번도 명예나 지위, 돈을 요구한 적이 없습니다."라고 말했다.[177]

또 2007년 독일 신문 《슈피겔》과의 인터뷰에서 푸틴은 "나는 스스로 절대적으로 깨끗한 민주주의자라고 생각한다."며 "마하트마 간디 이후 최고로 고결한 지도자."라고[178] 자평할 만큼 도덕률에 한 점 부끄러움이 없어 스스로 당당하였고, 자신의 지공무사(至公無私)한 행동들에 스스로 긍지를 갖고 살아왔다.

4) 소브착이 시장 재선에 실패하고 프랑스로 망명함에 따라 실업자 신세가 된 푸틴은 지인의 소개로 모스코바에서 옐친 대통령을 보좌하는 행정실에 입사하게 되고, 5년이 되지 않은 1997년 3월 총무실 부주임 겸 감독총국 국장으로 초고속 승진을 하였다. 그리고 옐친 대통령의 지명으로 1999년 8월 푸틴은 총리에 발탁되어 재정 파탄으로 지방정부에 자금 지원을 충분히 하지 못하는 상황과 여러 공화국에서 분리주의 세력들이 확산되는, 헝클어지고 쇠약해진 조국 러시아의 초석을

하나씩 다져 나갔다.

그리고 1999년 12월 옐친 대통령은 유약한 자신을 대신할 대통령 권한 대행으로 청렴하고 애국심이 투철할 뿐 아니라 유능한 업무 처리와 강인한 신념의 푸틴을 지명하였으니, 이때 순수한 도덕성과 밝은 판단력과 굳은 인내력과 심사숙고에 근거한 과감한 행동력을 좋게 평가받았다고 볼 수 있다.

대통령직을 물러난 직후인 1월 6일 옐친은 팔레스타인 해방전선 의장인 아라파트를 만난 자리에서 "20명의 후보자 중에서 강력하고 믿을 만하며 뛰어난 인격을 갖춘 사람을 선택했다."고[179] 하였고, 4년 뒤인 2003년에는 "푸틴을 가까이 두고 꼼꼼히 살펴봤습니다. 현명함과 뛰어난 기본 소양, 올바른 행동력, 강한 자제력을 가지고 있었습니다. 게다가 어떤 세력과도 유착되지 않았다는 점은 더욱 돋보이게 했습니다. 저는 푸틴과 두 차례 만남을 갖고 그에게 정권을 받으라고 권유했었습니다. 처음에는 거절을 하더군요. 하지만 저도 지지 않고 다시 한번 잘 생각해 보라고 권유했습니다. 2주가 지난 뒤 푸틴을 다시 만났을 때 그에게서 확고한 결단을 볼 수 있었습니다."고 술회하였다.[180]

푸틴은 옐친 대통령의 후임으로 최고 권력의 자리에 오른 뒤에도 각 지역의 '공화국 건설'을 주장하는 분리주의 세력들의 책동을 잠재우는 등 난마처럼 꼬인 국가 조직과 경제 시스템을 정비하며 와신상담의 시간을 견디었다.

이 시기에 각 지역의 분리주의 세력들을 제압하지 못했다면 러시아 영토는 중동이나 아프리카처럼 작은 조각조각으로 나누어진 작은 나라들이 되었을 것이며, 영미 세계주의자들의 맛있는 먹잇감으로 전락했을 것이다.

이런 어려움을 잘 견디며 때를 기다리다가 드디어 서구와 결탁된 부패한 매판 세력들을 체포하여 막대한 석유 자원의 국부 유출을 막은 것으로 보아 밝은 지혜와 인내심과 과감한 행동력을 짐작할 수 있다.

5) 2007년 2월 10일 뮌헨 국제안보회의(베르쿤데 안보회의)의 푸틴 연설을 보면, 미국이 나토 세력을 러시아 국경 가까이로 동진해 오면서도 변명과 핑계를 대며 러시아를 무시함에도 불구하고 오직 논리적인 비판과 국제법 준수를 요구하며 지난 날 나토를 1인치도 동진하지 않겠다던 국가 간의 약속을 지키라고 말하고 있다. 연설문의 요약은 다음과 같다.

"여러분도 아시다시피 현재 막강한 군사력이 세계를 전쟁의 심연에 빠뜨리고 있습니다. 하지만 우리에게 이를 잠재울 역량이 없습니다. 정치적으로 손을 써 봐야 달라지는 것도 없을 겁니다. 지금은 국제법의 기본 원칙이 한낱 웃음거리로 전락하고 (각 나라들의) 독립적인 법규가 미국의 법 제도에 귀속되는 실정입니다. 미국은 정도를 벗어났습니다. 나토는 러시아 국경에도 병력을 주둔시켰습니다. 나토의 확대는 유럽의 안보와 아무런 관계가 없습니다. 이는 신뢰를 좀먹는 심각한 도발 행위일 뿐입니다. 서구 우방이 한 약속은 무시해도 '그만인지' 묻지 않을 수 없습니다."

당시 미국 정부가 '단극화 세계(unipolar world)', 즉 한 초강대국의 통치권이 모든 나라들에게 지배적으로 강요되는 세계를 구상하고 있으나 푸틴은 이런 점을 예리하게 비판하면서 그런 단극화 구상은 안에서부터 곪기 시작하여 각 나라의 주권과 체제에 심대한 악영향을 줄 것이라고 예측하였다.

막강한 군사력으로 전쟁을 유발하는 미국에 대하여 국제법의 기본 원칙을 준수하고 정도를 지켜 달라고 다시금 일깨우고 있다. 그리고 러시아에는 이를 견제할 역량이 없음을 인정하고 와신상담의 시간을 통하여 국방력과 경제력을 아울러 대폭 성장시키기로 결심한다.

6) 우크라이나에서 미국 CIA의 공작에 따른 마이단혁명으로 친미 정권이 들어서고, 이후 동부 지역의 러시아계 주민들에 대한 차별 정책과 일방적인 학살에 대해서도 서방의 선의에 호소하며 평화적인 해결책을 제안하여 민스크협정을 지혜롭게 체결시켰다.

그러나 이때 우크라이나 아조프 나치 군인들이 러시아계 주민들을 학살하는 등의 협정 위반이 빈발하므로 돈바스 지역의 공화국에 러시아 군대를 투입해 달라는 요청과 돈바스 지역의 공화국을 러시아에 합병해 달라는 요청을 받아들이지 않고 협정 준수의 원칙을 지켰다.

이런 행위로 인해 오히려 푸틴은 러시아 국민들과 동부 지역의 러시아계 주민들로부터 많은 비난을 받았지만 그런 비난을 감수하면서도 민스크협정의 대의를 지킨 점으로 미루어 국가 간의 협정을 지키기에 노력하며 인내하는 준법주의자로 평가할 수 있다.

7) 우크라이나 젤렌스키 정권에서 돈바스 지역에 대규모 폭격을 개시하려는 움직임을 포착하게 되니, 약세인 돈바스 민병대만으로는 압도적인 규모의 우크라이나 군대로부터 러시아계 민간인들의 심각한 피해를 피할 수 없었다. 따라서 러시아와의 합병을 주민투표로써 이미 결의한 돈바스 지역 공화국들의 독립을 2022년 2월 21일 승인하여 국제법적인 요건을 완성하고 나서야 출동 명령을 내려 군대를 투입하게 된 것이다.

부득이 전투에 임하여도 우크라이나의 아조프 나치 군대는 제거할지언정 민간인들에게는 피해를 주지 않으려는 인도주의적 애민의 마음을 가지고, 전략적으로 매우 불편한 대대 단위의 특수 군사 작전을 수행하였다.

우크라이나 군대들은 민간인 아파트에 진지를 구축하며 또 쇼핑센터 지하창고에 무기저장소를 설치하는 등으로 민간인을 방패 삼는 전략을 펼치므로 전략적으로 매우 불리하고 비효율적이지만 이를 감내하며 군인과 무기창고만을 표적으로 천천히 진격하였고 지지부진할 만큼 방어적인 전투를 계속하였다.

이런 점으로 보아 급박한 전쟁의 순간을 당하여 죽이고 살림에 구애됨 없는 살활자재(殺活自在)의 심법으로 과감하게 전투를 하지만, 민간인들에게 피해를 주지 않으려 애쓰는 점은 우크라이나와 러시아와 벨라루스는 같은 슬라브 민족이며 같이 살아왔던 형제라는 민족 사랑, 형제 사랑의 마음 그리고 살생유택(殺生有擇)의 보살심이 있다고 평가된다.

8) 2022년 2월 21일 돈바스 지역 공화국들의 독립을 승인하고 러시아군의 개입을 명령하는 대국민 담화를 56분 동안 하였는데 무려 30여 차례 한숨을 내쉬며 연설하였다.

연설문의 요약은 다음과 같다.

"돈바스의 상황은 한계적이고 매우 고통스러운 단계에 이르렀다. 우크라이나는 우리에게 그냥 단순한 이웃 국가가 아니고 우리들의 역사와 문화와 정신적 영역에서 양도할 수 없는 나라이다."라며 한숨 섞인 목소리로 말하였다.

그리고 1917년 10월혁명 당시의 상황과 공화국들에 대해 국가적 자치권과 자기결정권을 주면서, 그 지역에 거주하는 수백만의 사람들에게는 물어보지도 않은 채 임의적으로 영토를 나누어 통치하도록 한 사실과 우크라이나는 러시아에 의해, 볼셰비키의 정책에 의해 만들어졌던 '레닌의 우크라이나'라는 역사를 설명한다.

또 "1991년 말 소련은 서방과 IMF 등에서 천억 달러의 부채가 있었고, 처음에는 연대의 정신과 경제적 잠재력에 비례하여 이 대출금을 공동으로 갚기로 하였으나 러시아가 혼자서 갚기로 하고 대신에 새로 독립한 국가들은 소련의 해외 재산 중 일부를 러시아로 넘기기로 하였다. 우크라이나는 1994년 12월 그러기로 합의했는데 나중에 다이아몬드, 금, 증권 등 해외재산의 이양 협정의 약속을 거부하였다. 러시아는 이 1천억 달러의 부채를 2017년에야 겨우 상환하여 국제적인 신의를 지켰다."고 하였고, "우크라이나가 독립한 1991년부터 2013년까지 재정적인 지원을 간청하며 의지하는 우크라이나에게 재정 지원을 하였

우크라이나와 러시아 특수 군사 작전 그리고 푸틴 대통령

는데, 전문가의 평가에 따르면 누계 2500억 달러의 금액이었다."며 신의 없는 우크라이나에 대하여 서운한 마음을 나타내었다. [181]

그리고 서방의 공작으로 이제는 원수처럼 변한 '친미 정권과 네오나치'들의 만행으로 점차 동족상잔의 전쟁 속으로 빠져 들어가게 되는 현실을 안타까워하며 또 한숨짓는다.

마치 어린 동생의 철없고 어리석은 행동을 보며 어찌할 방법을 몰라 한숨 내쉬는 형님 같은 인간적인 모습, 고뇌하는 모습을 볼 수 있다.

가련한 인민들이 전쟁이라는 참혹한 환경에 빠지게 됨을 마음 아파하는 보살의 모습을 보는 듯하다.

9) 전투가 개시된 이후 우크라이나와 평화적인 휴전협정을 제안하고 시도하여 튀르키예의 중재로 이스탄불에서 최종 합의까지 되었으나, 보리스 존슨 영국 총리가 급하게 젤렌스키를 방문하여 최종적으로 협상 대표자의 사인까지 마친 휴전협상을 우크라이나가 일방적으로 파기하여 무산되었다.

푸틴은 "전쟁은 어느 경우에도 비극적이고 막아야만 하는 것이다. 러시아는 우크라이나와의 평화협정을 한 번도 거절한 적이 없다. 우크라이나는 이제 러시아와의 평화협정을 금지하는 법률을 만들어 놓았고, 나토 가입을 철회하려면 헌법을 고쳐야만 하게 되어 있다."고 여전히 평화협정을 기다리고 있다.

2024년 2월 9일 공개된 터커 카슨과의 인터뷰에서 알게 된 사실은, 이스탄불에서의 평화협정의 전제 조건 중의 하나가 키예프 부근까지 진격했던 러시아 군대가 북쪽으로 멀리 철수하는 것이었으므로 러시아는 그 조건을 이행하기 위해 진격을 멈추고 되돌아갔던 것이었다.

이런 협상 비밀을 모르던 서방 언론은 러시아군의 어리숙한 후퇴를 조롱하였고, 러시아 국민들도 러시아군의 서툰 작전 능력을 아쉬워하며 비판하였던 것이다. 이처럼 역사적으로 뿌리가 같은 형제국인 우크라이나 인민들을 아끼는 그 마음은 비록 전쟁을 수행하더라도 변함이 없었음을 알 수 있다.

이런 우크라이나의 이스탄불 휴전협정에 대한 일방적인 파기는 우크라이나 집권당의 안보위원장 다비드 알하미야의 인터뷰로도 확인되었다. 그리고 이 협상의 우크라이나 책임자 데니스 키리예프는 길거리에서 우크라이나 과격 극우세력에 의해 총으로 살해당했다.

10) 우크라이나 전체 지역에 대하여 미국식의 융단 폭격도 하지 않고, 병참의 우세와 전략적인 우세에도 방어적인 전투로써 전체 전선을 고착시킴으로써 국내의 비난을 받았다. 그러나 이런 비난에도 불구하고 되도록이면 같은 슬라브 형제들의 무모한 죽음을 원하지 않았던 민족 사랑의 첫 마음을 그대로 지키는 점은 소인배라면 하기 어려운 대인의 행동이다. 대의(大義)를 아는 의인(義人)이다.

11) 미국의 비열한 노르트스트림 폭파에도 불구하고 유럽에 대한 철강제품과 가스 공급 그리고 농축 우라늄, 특정 비료, 티타늄 등의 수출을 중단하지 않았다. 철강 제품과 가스 공급을 중단하면 유럽 경제의

숨통이 막혀 유럽의 경제가 바로 몰락하며, 유럽 인민들의 겨울나기에 혹독한 애로가 있음을 이해하여 수출을 계속하였다.

러시아 국내에서는 서방으로의 석유와 가스 공급을 중단시켜 유럽 경제를 몰락시키자는 요구가 많았으나, "무역을 무기로 사용해서는 안 되고 가스 공급 계약에 대한 신의를 지켜야 한다."며 상생의 철학을 유지하고, 허용되는 만큼의 수출을 계속하도록 하였는데, 이는 러시아 정교회의 평화사상이 체화되어진 인자(仁者)의 심법이다.

12) 미국의 최신 방공 시스템으로도 도저히 방어할 수 없는 극초음속미사일과 핵어뢰에 의한 거대 쓰나미 유발로써 영국 같이 바다에 접한 나라를 일시에 멸망시킬 능력이 있음에도 불구하고 보복하지 않았다. 전쟁이 세계대전으로 확대되는 것을 막아야 한다는 마음으로 인내하였겠지만, 군사적인 우세에도 불구하고 그 세력을 과시하지도 않으며 조용히 참기만 하는 것은 대단한 자제력이라 판단된다. 참고로 러시아의 핵미사일 무기 체계는 미국과 서방에 비해 최소 2세대 정도로 앞섰다고 서방의 전문가들이 평가하고 있다.

13) 러시아에 대한 서방의 경제 제재에 따른 모든 난관을 순리적인 정책으로 극복한다. 중국과의 무역과 인도와의 무역을 증대시켜 경제 제재의 위기를 오히려 국내 산업을 활성화시키는 계기로 삼아 경제적으로도 2023년 국민 총생산 3.5퍼센트 성장, 실질 임금 8퍼센트 성장, 국민 실질 소득 5퍼센트라는 큰 성과를 얻었다. 구매력평가지수 PPP에

서 현재 세계 5위를 차지하고 있다. 몰락하고 있는 유럽보다 더 발전되는 경제력을 갖추게 된 점으로 보아, 지도자로서 때를 기다리고 순서에 맞는 정책 집행으로써 경제를 발전시키는 현명함을 볼 수 있으며, 국가를 슬기롭게 이끌어 가는 지혜로운 지도자의 모습을 볼 수 있다.

14) 살상 무기를 우크라이나에게 제공한 유럽에 대해서도 또 한국에 대해서도 오히려 "교역의 문은 항상 열려 있다."고 말하는 국(局) 넓은 대인의 심법을 볼 수 있다.

15) 서구의 조작된 증거에 따른 선전, 선동과 모함을 당하여도 구차한 변명 없이 오직 사필귀정의 진리를 믿는 마음으로 진실의 시간을 기다리는 마음의 힘은 소인배가 흉내 내기 어려운 경지이다.
물론 모든 영국과 미국의 유력한 언론 매체들이 거대 영미 자본가의 소유이므로 러시아의 정당한 주장이라도 무시하거나 왜곡할 것이 분명하니 더욱 절치부심하며 승리의 결의를 다져 갈 수밖에 없는 탓이라 판단한다. 따라서 스스로의 정당함을 변호하지만 세계의 인민들이 진실을 알아줄 때를 기다린다.

16) 젊은 지원병들의 애국심에 같이 눈물 흘리며 격려하고, 전장에서 아버지를 잃은 어린 소년을 품어 주며, 또 전장에서 아버지와 남편을 잃은 원호 가족들을 크렘린 집무실로 초대하여 따뜻하게 위로하며, 인민들과 아픔도 함께하는 다정다감한 태도와 원호 가족의 어린 자녀

들이 작은 소리로 이야기하니 '의자를 직접 들고 아이들 곁으로 가까이 다가가는' 가식 없는 할아버지 같은 모습과 아울러 겸손하고 소탈하고 권위 의식 없는 모습에서 큰 평등심을 볼 수 있다.

〈사진 1〉 전장에서 아버지를 잃은 소년을 품어 주는 푸틴
(러시아학당 화면 갈무리)

〈사진 2〉 아이들 곁으로 가기 위해 직접 의자를 들어 옮기는 푸틴
(러시아학당 화면 갈무리)

17) 2022년 8월 16일 모스크바 국제 안보회의에서 행한 연설문 요약은 다음과 같다.

"단극화 시대의 종말이 다가오고 있다. 더 많은 나라가 독립적인 행보를 취하며 다극화 시대의 윤곽이 형성되고 있다. 러시아는 동맹국, 협력국, 우호국 구민들과 함께 국제 안보 지형을 적극적으로 개선할 것이며 국제법에 대한 존중을 회복하고 유엔과 다른 대화 플랫폼의 지위를 강화하겠다. 서방의 주도권은 전 세계의 침체와 편협하고 반자유주의적인 전체주의를 뜻한다. 서방은 손가락 사이로 빠져나가는 주도권을 유지하려고 어떠한 다른 발전 경로도 제한하는 정책을 추진하고 있다. 미국은 아시아와 아프리카, 중남미에서 분쟁 가능성을 키우고 있다. 미국이 우크라이나 사태를 질질 끌기 위해 노력하며 서방이 우크라이나를 총알받이로 쓰고 있다."

푸틴은 세계정세에 대한 정확한 분석을 하고 있으며 미국이 '자신에게만 혜택을 주는, 모든 나쁜 짓도 스스로 용서하는 예외주의'를 비판하고 서로 평등한 국제법의 준수를 촉구하며, 미국 주도의 일방적이고 무의미한 유엔이 아니라 세계 평화를 위해서는 합리적이고 상호 평등한 대화가 있어야만 함을 강조하고 있다.

18) 2023년 10월 4일 소치에서 개최된 제3회 국제금융안전올림픽에서 한 연설 요약은 다음과 같다.

"세계는 전 지역을 경제적 식민지로 바꾸고 발전을 위한 자원을 끊는 것을 목적으로 하고 있는 금융경제 모델에서 점차 벗어나고 있다. 다시 말씀드리고 싶다. 이 분야, 특히 국제적인 경제 협력에서 매우 중요한 것은 상호의 신뢰, 그리고 파트너의 이익과 서로의 이익을 존중하는 자세이다. BRICS의 협력관계는 서로 동등한 권리와 파트너 지원의 원칙에 근거한다."

이는 신의에 뿌리를 두고, 상호 평등과 자리이타의 상부상조 정신을 표현한 것이며, 평화 세상을 건설하고자 하는 기본 철학을 분명히 알고 있으며 이 상생의 원리, 평화의 원리를 국제 사회에 널리 알리는 대철학자이다.

19) 2023년 10월 중국 미디어 공사와의 인터뷰에서 푸틴은 미국식 일방주의를 비판하고 이제는 피할 수 없는 다극화 시대의 비전에 대해 다음과 같이 이야기한다.

"미국이 자주 말하는 '규칙에 기반하는 세계질서'는 누구도 그 '규칙'을 보거나 동의한 적도 없다. 이렇게 이야기하는 사람은 '식민지적 접근 방식'을 고수하기 때문에 '말도 안 되는 궤변'이다. 국제적으로 합의되고 문서화된 규약도 없이 자신의 이익에 맞는 방식으로 그때그때 사례별로 '규칙'들을 만들어 낸다는 의미이고, 이것이 '식민주의적 접근 방식'이다. 식민지 제국주의 국가들은 자신은 야만인들이 사는 식민지에 계몽을 가져다주는 문명화된 사람들이라고 믿고 있다. 이런 우월 의식을 근거로 하는 미국 예외주의는 식민지적 사고의 흐름이다. 러시아의 정책은 세계의 모든 사람이 평등하고 동일한 권리와 자유를 가지며, 국가의 자유는 다른 국가의 권리와 자유를 존중하는 기초에서 출발한다. 이것이 다극화 세계가 운영되는 방식이다."

이것은 세계 평화를 성공시킬 수 있는 최상의 원리를 설파하는 대철학자의 강의이며, 오랜 세월 수양을 쌓은 수도승의 말씀 같은 귀한 법문이다.

20) 2023년 6월 상트페테르부르크 세계경제포럼에서 한 기조연설에서 다극화 세계에 대한 비전을 말하였다.

"다극화 세계는 각자 개인의 주권을 존중하고, 개인과 가정의 도덕성을 수호하면서 각 나라들은 자원 생산과 분배의 권리를 보유하게 되고 식량과 깨끗한 식수를 확보하며 새로운 기술 개발을 촉진할 수 있다. 러시아는 평등과 자주의 원칙 아래 주권 국가와의 친선을 도모하고 각 국가의 주권과 자주성 그리고 경제 발전을 추구한다. 각 국가의 주권 발전은 새로운 세계 질서를 확립하는 기초가 될 것이다."

이는 세계 평화의 구체적인 실천 과제를 명확하게 밝힌 탁월한 대사 상가의 강의이며 높은 수양력을 가진 수도승의 법문에 비견된다고 볼 수 있다.

21) 2023년 12월 14일 4시간 동안 진행된 '국민과의 대화'는 3년 째 진행되고 있는데 전국에서 230만 개의 질의 또는 민원사항을 접수받아 분류한 뒤 60여 개로 간추려 현장에서 직접 당사자가 질의하고 푸틴 대통령이 대답하는 형식으로 진행되었는데, 국내의 여러 문제점들을 어린이에서 노인에 이르기까지 누구에게든 건의 받아서 이미 해결한 결과를 알려 주든지 또는 즉각 해결하든지 또는 검토한다는 답변을 하였다. 4시간 내내 가식 없고 자애로운 표정으로 진지하게 답변하는 푸틴의 모습은 참으로 인정 넘치는 지도자였다.

"미국과 서구의 제재 속에서도 경제 발전은 국민 총생산 3.5퍼센트 성장, 실질 임금 8퍼센트 증가, 국민 소득 5퍼센트 성장을 하였고, 2021년에는 수출대금의 결재가 달러 87퍼센트, 루블화 13퍼센트, 위안화 0.4퍼센트였으나 2023년 9월에는 루블화 40퍼센트, 위안화 33퍼센트, 달러 및 유로화 24퍼센트로 변했다."고 자세히 설명하며 "경제 주권이 잘 강화되고 있다."고 발언하였다. 19,000건에 달하는 서방의 경제 제재와 특수 군사 작전의 와중에도 국가의 획기적인 발전을 이룬 탁월한 지도자이다.

22) 2024년 2월 9일 공개된 터커 카슨과의 인터뷰 내용에서 나온 "세

계는 하나의 단일한 완전체이어야 하며, 미래에 대한 안전의 보장도 인류 전체에게 공유되어야 한다."는 발언은 그야말로 고도의 철학적 사유에서 나올 수 있는 명언이며 밝은 혜안을 가진 수도승의 법문과 같다.

여러 차례의 많은 연설에서 보이는 절제된 언어들과 때로는 서방 기자의 추궁하는 듯이 느껴지는 질문에 대해서도 웃으면서 뼈 있는 비판적 조크로 답하는 모습에서 재치와 더불어 여유로운 넓은 마음을 느끼게 한다.

다극화 체계를 통하여 이룩될 평화로운 세상에 대한 밝은 비전을 확고하게 제시하는 연설은 그것 자체로 국제정치 윤리와 세계 평화를 이루게 하는 지침서가 될 정도이다.

이러한 모습에서 외부 환경에 흔들리지 않는 태산 같은 수양력, 실타래처럼 엉킨 국내외 문제를 순서에 맞게 해결해 가는 지혜력, 대의를 위해 능히 살활자재(殺活自在)의 칼을 빼어 드는 결단력을 볼 수 있다. 또 민간인에게 피해를 주지 않으려는 자비의 정신과 서구의 불의한 행동에 대하여 더 이상 인내할 수 없는 지경에 다다르면 과감한 태도로써 정의의 칼을 빼어 드는 의로운 기상을 볼 수 있다.

서로 돕고 협력하는 상부상조(相扶相助)의 철학과 더불어 잘 살며 같이 번영하는 공생공영(共生共榮)의 사상이 곧 인류 사랑일진데 영미의 탐욕적 자본가들에게는 이런 평화 사상이 태생적으로 존재하지 않는 것인가. 서구 철학의 빈곤인가.

5.
푸틴의 평가에 앞서

오늘날 대한민국은 탐욕적 자본주의를 추종하는 속물스런 세력들이 족벌 신문사와 방송사를 앞세워 한민족의 눈과 귀를 가리고 있으며, 서 푼어치 어용학자들이 부끄럼도 없이 나대며 진실을 호도하고 있다.

오랫동안 공들여 온 대한민국과 조선민주주의인민공화국 간의 평화적인 민족 교류와 협력도 단칼로 끊어 버려 1만 년 유구한 민족정기에 상처를 내고 있다.

휴전선으로 분리되어 섬나라가 되어 버린 대한민국은 미국에 전시작전권을 넘겨 독자적으로 국방권을 행사하지 못하고, 중국과 러시아와의 경제 외교에서도 미국의 압박에 순종하며 자주적인 외교권을 행사하지 못하고 있다.

제2의 '을사보호조약' 상태 같은 치욕적 상황에 놓여 있는데도 불구하고 매국노 같고 협잡꾼 같은 소인배 정치업자들이 득세하여 더러운 냄새를 풍기며 온 나라를 시끄럽게 하고 있다.

미국의 사법 시스템과 입법 시스템과 행정 시스템은 많은 모순들이 쌓여 있으며, 미국은 더 이상 민주주의 국가가 아니고 소수의 거대 자본가들이 지배하는 전체주의 국가인데 아직도 미국의 제도라야 옳고 아니면 틀리다고 한다.

한 나라의 정치 체제는 그 나라의 역사적 특성과 주변 국가들과의 관계에 따라 다양한 시스템으로 이루어지는 것이지, 미국의 정치 제도와 선거 제도가 모든 나라에 일률석으로 적용되어야 하는 것이 아니다. 더구나 미국의 상하원 의회 시스템이나 선거 제도 그리고 언론 환경은 거대 자본가들이 조종하기 매우 쉬운 시스템이라는 것을 이미 미국 학자들도 주장하는 바이다.

또 러시아는 공산주의 국가라고 말하는 무지한 사람들이 많다. 공산주의를 이상적 목표로 추구하던 사회주의 국가, 소련연방은 이미 소멸되었다. 그리고 러시아는 자본주의 경제 체제를 갖고 있는 나라이다.
공산주의 국가는 지구상에 아직 하나도 없었고 앞으로도 없을 것이다. 다만 공산주의 국가를 목표로 삼고 나아가는 사회주의 국가는 아직도 많다. 공산주의는 사회주의가 지향하는 마지막 종착점이며 완성체이니, 아직 여기까지 도달한 나라가 없다는 것이다.[182]

장기 집권을 하니 푸틴은 독재자이고, 언론의 자유가 없으니 독재 국가라고 말하는 무지한 사람들이 많다.
싱가포르의 리콴유 총리는 1959년부터 1990년까지 통치했고, 그의 아들 리셴룽 총리는 대를 이어 통치하였는데 어느 한국인이 싱가포르를 독재 국가라고 간섭하고 있는가.

일본은 2차 세계대전에 패망한 이후 자민련이 계속 일당 집권하고 있는데 어느 한국인이 일본은 일당 독재로 장기 집권한다고 간섭하고 있는가.

고 박정희 대통령은 장기 집권을 하였는데도 동상까지 세우고 칭송하며, 또 여론조사에서도 존경한다는 한국 국민들이 많은 것이 현실이다.

영미 세계주의자들의 탐욕적이고 악랄한 파괴 공작에 의해 풍전등화(風前燈火) 같은 처지에 놓인 러시아의 현실을 모르는 한국인이 푸틴을 독재자라고, 장기 집권한다고 어찌 이야기하는 것인지 그 논리는 편협하고 유치하지 않은가.

미국식 선거 제도 역시 모순덩어리이고 약점덩어리이다. 거대 자본이 점령한 언론 환경을 뚫고 바른 말하는 정치인이 되는 길은 거의 불가능하다.

미국은 자본가 세력들이 이미 정계를 지배하고 있고 미국 국민들의 삶은 고달프다.

언론의 자유는 미국에서도 9·11 테러 사건을 빙자하여 '애국자법'을 만들면서 없어진 지 오래되었다. 미국을 최상의 표준으로 모시며 추종하여 그 나라 국기를 자랑스레 들고서 광화문 거리를 활보하는 우리 '자유민주주의' 대한민국도 일본 제국 식민지 시절부터 내려온 '보안법'으로 인해 언론의 자유와 사상의 자유도 크게 제약된 나라인데 아직도 실상을 모르는 척하는 사람들이 많다.

큰 인물은 돈과 권력을 탐욕적으로 추구하는 개인주의적인 사회, 개인의 작은 이익을 탐하는 사회에서는 만들어지지 않는다.

큰 철학과 올바른 도덕심이 체화(體化)된 현인(賢人)이 사심(私心) 없이 오롯한 공심(公心)으로 지공무사(至公無私)하게 정치인의 역할을 맡아 복무할 때 큰 번영과 성취와 복지를 이루는 자랑스러운 국가를 개척해 갈 수 있는 것이다.

국가가 안정되고 세계 평화의 초석을 놓은 뒤 세월이 지나고서야 비로소 이를 이룩한 정치인이 위대한 인물이라고, 성인이라고 평가받는 것이다.

성인들은 때로 종교가로, 때로 정치인으로, 때로 군인으로, 때로 과학자로, 때로 예술가로 이 세상에 거듭 오신다.

인류가 고해 중에 들게 되면, 구세성자(救世聖者)들이 자비방편을 베풀어 도덕이나 정치나 혹은 무력으로 악업(惡業) 중생들을 제도하시는 것이다.

다양한 신분으로 이 세상에 오시어 그 시대에 필요한 일을 하시며 인민들을 각성시키고 인류의 문명을 촉진시키고 평화 세상의 초석을 놓으시고는 일체의 상(相) 없는 마음으로 흔적 없이 다시 영계로 돌아가시는 것이다.

중생들의 눈으로는 알지 못하는 것이다.

러시아는 다행하게도 평화를 주창하는 예수님의 가르침 원형이 가장 많이 남아 있는 동방정교회가 잘 존속되어 있어, 정교회 가르침의 순수하고 밝은 정신이 힘차게 흐르고 있으며 모든 인민들의 마음속에 자연에 대한 경외심과 인간에 대한 사랑의 마음이 종교적 실체로서 살아 있다.

한국에는 불교 사상과 유학 사상이 생활 구석구석에 언어와 풍습으로 스며들어 있는 것처럼, 러시아에는 러시아정교회의 철학과 신앙이 언어와 풍습 속에 예술로서 문학으로서 살아 이어지고 있다.

러시아가 보여 주는 이런 문화적 강국, 예술적 강국, 과학적 강국, 순수 학문적 강국의 모습은 개인의 이기적 출세욕과 물질적 이익을 우선시하지 않는 사회적인 토양과 종교적 심성에 의해 오랜 세월에 걸쳐 이룩되는 것이다.

개인의 이기적인 경쟁심과 출세욕과 물질적 탐욕을 우선시하는 자본주의 체제에서는 이런 고매한 심성이 쉽게 길러지지 않으며 또 쉽게 지켜지지 않는 것이다.

원불교 송정산이 이야기하는 부국강병의 원리는 '정신으로써 근본을 삼고 정치와 교육으로써 줄기를 삼고 국방 건설 경제로써 가지와 잎을 삼는' 것이며, '국민의 종교에 대한 신념이 박약(薄弱)하면 정신 통제와 양심 배양의 힘이 부족하게 되어 법률 위반의 자행자지(自行自止)

를 하여' 범죄율이 올라가고 심지어 나라도 역사도 적들에게 팔아먹으려는 사람들이 줄을 서게 되는 것이다.

따라서 러시아정교회가 잘 보존되어 예수님의 근본 가르침을 뿌리 깊은 신앙으로 잘 유지하고 있고 도덕심과 인정이 살아있는 러시아는 문화 강국, 예술 강국, 과학 강국 그리고 철학 강국이 될 모든 요인을 갖추고 있다.

러시아 파멸의 위기에 옐친 대통령의 뒤를 이은 현명하고 정교회 신앙심이 깊고 절제력 갖춘 푸틴의 등장으로 말미암아 서구의 타락된 문화로부터 러시아의 도덕적 정체성을 지키면서, 국가 자원을 지키고 경제 제재를 극복하며 국가 발전을 이룩한 것은 러시아 인민들의 큰 복이다.

미국의 일극(一極) 패권 시대를 마감시키며 상호 호혜적인 다극(多極) 평등 시대를 열어 가는 푸틴의 건재함은 공정한 경제 체제와 세계 평화를 갈망하는 아프리카 대륙, 남아메리카 대륙, 아랍권 국가들, 아시아 국가 등 약소국가 인민들의 큰 복이다.

이제 브릭스 국가들의 경제 규모가 서방의 G7을 압도하고 있으며 서로의 주권을 존중하여 지배하려고 하지 않고 또한 상호 무역 행위에 자국의 화폐를 사용하여 공평하게 거래하므로 약소국가들이 브릭스에 가입하려고 줄을 서는 것이고, 이것이 바로 전 지구적 민심의 흐름인 것이다. 이른바 동학에서 말하는 '인민의 마음이 곧 하늘의 마음(인내천·人乃天)'이라는 것이다.

영미 금융자본가 세력의 전 지구적인 자원 지배와 경제 지배 계획을 깨부수고 균등한 세계, 평화의 세계를 이루고자 하는 것은 오늘날 전 지구적 민심의 흐름이며 시대정신(時代精神)이다.

이 시대정신의 도도한 물결에 배를 띄우고, 이 시대정신의 세찬 바람에 돛을 올려 나가는 지도자와 나라는 수월하게 뜻을 이룰 것이다.

이 시대정신에 저항하며 몸부림치는 사람들과 나라들은 떠밀려 사라질 것이다.

일컬어 하늘의 이치를 따르는 사람은 흥하고(순천자·順天者는 흥·興), 하늘의 이치를 따르지 않는 사람은 망한다(역천자·逆天者는 망·亡)는 말씀이 이것이다.

6.
푸틴에 대한 평가

이제 푸틴의 역정을 통해 살펴 본 품격을 신자(信者), 지자(智者), 예자(禮者)의 단계를 넘어선 현군(賢君)인지, 의자(義者), 인자(仁者)의 단계에 들어선 성군(聖君)인지를 평가해 보고자 한다.

1) 푸틴은 국가 부흥에 대한 굳은 신념과 총명한 분석력의 지혜와 도덕적 절제력을 갖춘 최소 현자(賢者)급의 지도자인 현군(賢君)이다.

2) 푸틴은 인민에 대한 공경의 마음을 가지고 대의에 헌신하는 높은 기상을 갖추었고 쇠락의 길을 걷던 러시아를 경제 제도의 혁신과 더불어 부정부패가 넘치며 타락한 정계의 분위기를 바꾸었다.

1991년 말까지 소련이 서방과 국제기금 등에서 1000억 달러의 부채를 가지고 있었는데 당시에는 구소련 연방국들이 연대의 정신과 경제적 잠재력에 비례하여 이 대출금을 갚기로 하였으나, 거의 전부를 러시아가 홀로 부담하여 2017년에 되어서야 비로소 상환을 완료하고 약속을 지켰다.

그리고 한국에서 진 부채는 첨단 군사 기술이 적용되어 있던 최신예 탱크 등을 현물로 지불하는 '불곰사업'으로써 상환 약속을 지켰고 한국은 이 최신예 탱크의 기술을 습득하여 훌륭한 국산 전차를 개발하고 심지어 수출도 할 수 있게 되었으니 한국의 군수산업은 큰 은혜를 입은 것이다.

그리고 푸틴은 부국강병의 혁신으로 나라를 부강하도록 하였으며, 밀 생산의 증대를 바탕으로 가난하고 억압받던 제3세계의 약소국에 식량을 무상으로 원조하였으며, 러시아를 패망케 하려는 서방의 압력에 굴하지 않고 많은 테러와 내전유발 흉계를 물리치며 굳건하게 버티어 드디어 러시아를 세계 4위의 경제대국으로 부흥시켰다.

따라서 용기와 과단한 추진력을 갖춘 의자(義者)급의 지도자라고 평가할 수 있다.

3) 그리고 특수 군사 작전을 부득이 하고 있지만 같은 민족을 살상하지 않으려고 전쟁 1달 뒤, 튀르키예 이스탄불에서 평화협정을 추진하고 1차 합의를 이룬 평화의 마음과 민간인을 보호하려는 친민(親民)의 마음과 유럽 인민들의 겨울나기 고통을 최소화하려는 자비의 마음 등은 인자(仁者)의 경지에 들어섰다고 볼 수 있다.

4) 푸틴은 부패하다고 한다. 대부분의 그런 뉴스는 정치인의 도덕성을 공격하는 왜곡되고 가공된 서방의 악의적인 프로파간다이다. 그랬다면 벌써 서방 정보기관에 약점 잡혀 유럽의 지도자들처럼 꼭두각시

역할을 하고 있을 것이다.

푸틴이 집권을 하고 주변의 가까운 인물들을 동원하여 개혁적인 정책을 펼치는 일도 순서가 있다. 아무리 좋은 정책이라 할지라도 자기 조직의 힘이 비축되고 주변 여건이 마련되면 그때 비로소 집행하는 것이다.

그러므로 천지가 봄, 여름, 가을, 겨울처럼 순서에 맞게 운행하듯이 성인은 매사를 순서에 맞게 처리한다(대인·大人은 여사시합기서·與四時合其序)고 하였다.

집권의 초기에는 스스로의 권력 기반이 약하므로 재색명리에 흔들리는 부하들이라도 적절하게 통제하며 이끌어 가는 것이고, 이들이 자발적으로 사명감과 도덕심으로 거듭나기를 솔선수범하며 기다려 주는 것이다.

부하들을 통솔함에 있어 그 능력이 좋다면 다른 부분적인 흠결은 직무 범위를 벗어나지 않는 한도에서 묵인해 줄 수 있는 것이고, 그 정도를 벗어났을 경우에 충고와 견책 또는 숙청을 하는 것이 지도자의 당연한 처신인 것이다. 어느 조직에서나 당연한 처신이다.

부하들의 품격과 재능에 맞게 적합한 임무와 제한된 권한을 잘 부여하고 잘 통제한다면 바로 훌륭한 지도자인 것이다. 부하들이 모두 재색명리에 초연한 종교인이기를 바란다면 정치 지도자가 아니라 요순시대를 꿈꾸는 이상주의자일 뿐이다.

종교 집단조차도 수많은 특성들의 사람들이 모여 때로 청정하고 때로 탁하고 시끄럽게 흘러가는 것인데, 정치 집단이 어찌 늘 맑고 청정

우크라이나와 러시아 특수 군사 작전 그리고 푸틴 대통령

하며 늘 화목하게 운영될 수 있겠는가.

그러므로 성인들께서는 맑고 탁함을 같이 사용(청탁병용·淸濁倂用)한다고 하며, 빛은 먼지와 같이 어울린다(화광동진·和光同塵)고 하며, 맑은 물에는 물고기들이 모이지 않는다고 하는 것이다.

성인이 지도자로 집권하게 되면 부하들의 탐욕스러운 마음이 자연스레 억제되어 모든 국민들의 마음도 청정해지고 진취적 기상이 일어나며 화합된 마음으로 국가를 부흥시키는 것이고, 우둔한 지도자가 집권하면 부하들의 삿되고 탐욕스런 마음이 통제되지 않아 이기적으로 개인의 욕심만 추구하고 백성들도 탁하고 퇴폐적인 마음이 치성하여 퇴행적인 행동이 만연해져 결국 국가는 쇠락해지는 것이다.

그러므로 맹자께서는 "왕께서는 어찌 이익에 대해서만 말하십니까? 진정 중요한 것은 인의(仁義)가 있을 뿐입니다. 한 나라의 왕이 이익을 생각하면 신분이 높은 사람부터 낮은 사람까지 모두 제 만큼씩의 이익을 다투게 되어 나라가 위태롭습니다."고 하시지 않았던가.

그리고 부하들을 잘 통솔하여 조직이나 국가를 이끌어 가는 것은 단지 '도덕심'만으로는 되지 않으니 한비자도 "직위와 재물로써 포상하고, 경책과 숙청으로 징벌해야 한다."고 하지 않았던가.

대통령에게 충성스런 관료라 하더라도 음지에서 숨어서 묵묵히 일하야 하는 직분을 벗어나 언론에 스스로를 노출시키면서 분에 넘치는 명예를 추구한다면, 그 직위에서 좌천시키거나 파직을 시키는 것이 그 개인에게도 더 이상 큰 죄업을 짓지 않게 하는 자비로운 판단인 것이다.

5) 러시아의 장대(壯大)한 역사적 관점에서 평가하면 푸틴 대통령은 러시아를 굳건하게 부흥시키고, 세계적인 측면에서도 단극화를 끝내고 다극화의 균등한 세계를 열어 가고 있는 성군(聖君)이다.

결론적으로, 블라디미르 블라디미로비치 푸틴은 성군(聖君)이다.

아는 만큼 보인다고 하였다.

자기 수준이 낮으면 귀인(貴人)이나 성인(聖人)을 알아보지 못하여 함부로 멸시하고 천대하는 것이다.

피아노를 잘 치는 선생님이라야 학생이 피아노를 잘 치는지 어디를 틀리게 치는지 알고 평가할 수 있듯이, 사람의 숨겨진 품격도 아는 사람이 보면 알 수 있는 것이다.

얼굴에 숯검정을 묻히고 머리에는 흰 재를 뒤집어쓰고 있어도 가슴에 큰 포부와 철학을 담고 있는 사람은 군자(君子)이며 대인(大人)이니, 겉모습만으로 또는 소문만으로는 알 수는 없는 것이다.

심지어 예수께서 다시 이 세상에 오셨다고 해도, 새 메시아가 오셨다고 해도 알아보지 못하는 것이 오늘날 세상 민심의 수준이 아닌가.

사람의 품격을 알아볼 줄 모르는 사람은 알 수 없는 것이다.

* * *

이제 야만의 시대는 저물어 가고 있다. 그 야만 시대의 마지막 단물을 빨며 붙어있는 악귀들은 악다구니를 하며 저항하지만 새로운 시대, 다극 시대, 균등 시대, 평화로운 상생 시대의 도도한 물결에 떠밀려 멸망하게 될 것이다.

야만적인 미국 일방의 일극 체계를 부수고 다극 시대로 만드는 대변혁을 완수하는 일 자체로서 푸틴 대통령은 성자(聖者)의 반열에 오르는 위대한 업적을 이루는 것이며, 세계 평화의 위대한 역사를 만들어 낸 성자(聖者)가 되는 것이다.

오직 이익만을 쫓는 물질만능의 사악한 자본주의 사회 속의 타락된 정치인과 자본가 세력들은 흉내조차 낼 수 없는 큰 위인이 바로 지도자 푸틴이다.

여러 생을 깊은 수도 생활과 널리 인민들을 위해 봉사하였던 수도자가 이번 생에 러시아의 부흥과 세계평화를 위해 정치가로서 다시 이 세상에 오신 것이다.

러시아와 푸틴 대통령이 다극 시대를 완성하여, 세계 평화를 선도하는 영광이 있을 것이라는 굳은 확신을 하며, 러시아 인민들과 블라디미르 블라디미로비치 푸틴 대통령께 예수님의 큰 축복과 부처님의 따뜻한 호럼 있기를 깊이 축원한다.

7장

세계 평화를 어떻게
이루어 갈까

1.
세상 모든 성자들의 간절한 기도는
어떤 내용일까

아메리카 원주민 피쿼트족의 대학살을 지휘한 윌리엄 브래드퍼드는 "그들의 몸은 불꽃 속에 타오르고 피는 흘러 작은 내를 이루었다. 불꽃이 삼키는 그 광경은 참으로 두려운 것이었으며 더욱 끔찍스러운 것은 시신이 타는 냄새였다. 그러나 승리는 달콤했다. 그래서 우리 모두는 우리를 위해 그리도 놀라운 일을 해 주신 하나님께 감사 기도를 올렸다."고 기록하였다.[183]

그런데 '하나님의 사랑'이란 살인자들을 축복해 주시는 그런 것이 아니다.

제 민족만을 특별히 사랑하는 것은 하나님의 사랑이 아니다. 그것은 배타적이고 이기적이고 증오에 가득 찬 그들의 민족신(民族神)이 참 하나님의 무한한 그리고 무조건적인 사랑의 법칙을 모른 채 편협하고 잘못된 말을 하는 것이다.

진리는 아무런 사심(私心) 없이 무위(無爲)함으로 운행된다.

그 운행의 과정으로 나타나는 참진리의 사랑은 누구나 차별 없이 심지어 미물 곤충까지도 조건 없는 사랑을 베푼다.

때로 죽이며 때로 살리되 무위(無爲)하게 오직 큰 은혜를 베푸는 것이다.

참진리의 작용은 철저한 인과법칙이 적용되는 것이다. 선(善)한 행위에는 무한한 시간 속의 윤회를 통해 털끝만큼도 오차 없이 선한 결과를 나타나는 인과보응의 이치가 진리인 것이다.

제 민족만을 특별히 사랑하는 것은 민족 신이며 서구 사람들이나 유대 민족이 말하는 '변덕스럽고 증오하는 하나님'은 그들의 민족 신이지 참진리가 아니다. 참진리는 그렇게 인격적인 모습으로 현현(現顯)하는 것이 아니다.

참진리에 다가가고 있는 높은 수준의 수양력을 갖춘 민족 신이 후손들의 간절한 부름에 응하여 현현한 것이다. 무형한 참진리만이 진정한 하나님이므로 편애하는 민족 신을 참진리와 혼돈해서는 안 된다.

민족 신은 유대인의 민족 신도 있고, 그리스인의 민족 신도 있고, 인도인의 민족 신도 있고, 한민족의 민족 신도 있다.

특정 민족을 특별히 편파적으로 사랑하는 인격적 신은 민족 중에서 영적인 수준이 특별히 높은 경지까지 올라간 영혼으로서 영계(법계)에 머물며, 제 자식을 보살피는 어머니 같은, 편애하는 영혼이다. 고슴도치도 제 자식이 예쁘다는 속담처럼 제 민족을 특별히 편애하는 그 정도 수준의 영혼이며 간절히 부르면 감응하여 사람의 모습으로 현현(現顯)하는 영혼일 뿐이다.

우는 아이에게 떡 하나 더 준다는 속담처럼 네 민족을 특별히 사랑한다고 말해 주는 그만큼 수준의 민족 신일 뿐이다.

어린아이에게 어려운 진리를 가르칠 수 없으니 어린아이가 칭얼대면 엄마의 젖이나 과자로 달래고, 소년이 불평하면 장난감이나 돈으로 그 수준에 맞게 달래고, 어른이 불평하면 사람의 예의나 도덕이나 이치로써 가르치는 것이다.

민족 신도 그 민족의 수준에 맞게 현현하여 계시하는 것이다.

노예 생활을 하던 가련한 민족에게 그 민족의 민족 신이 특별한 사랑과 격려를 하는 것은 우는 아이에게 떡 하나 더 주는 어버이같이 당연한 행위이다. 그러나 특정 민족만을 편애하는 민족 신은 인류 전 생령에게 균등하게 적용되는 보편적 진리가 아니다.

3천 년 전에는 인류의 지구과학적 지식이나 천체물리학적인 지식이 매우 낮고 좁아, 인류 보편의 크고 밝고 인정 어린 진리를 말해 줄 만한 수준이 못 되었으므로 그 민족의 민족 신이 화현하여 편들며 격려하는 단순한 말로써 계시하는 것이다.

마치 초등학교 아이에게 2 빼기 3은 마이너스 1이라고 가르치지 않는 선생님처럼.

선생님이 마이너스 1을 몰라서 가르치지 않는 것이 아니고, 어린 학생들의 수준이 낮으니 혼란 주려고 하지 않고 인지 능력이 높아질 때까지 교육 계획에 의거하여 가르치지 않는 것과 같다.

지구가 편평하다고 믿는 옛사람들에게, 태양이 지구 주위를 돌고 있다고 믿는 옛사람들에게 둥근 지구와 지동설(地動說)과 광활한 은하계와 우주계를 말해 주어도 소용없는 것과 같다.

어리석은 2천 년 전의 민중들에게 "모든 생령이 한 형제이요, 모든 성현들이 다 같은 진리를 깨달았지만 시대와 지역에 따라 가르치는 수준과 범위를 각각 달리하였을 뿐이다."라고 그 민족 신이 어찌 가르칠 수 있었겠는가. 문명이 보다 성숙해지고 인지 능력이 발달되기를 기다리며 그냥 단순하고 쉽게 계시하였을 뿐이다.

영혼들은 인과율에 따라 끝없이 윤회하며 지은 인(因)에 따라 과(果)를 받는다. 성경의 '뿌린 대로 거둔다.'는 말씀과 명심보감의 '오이 심은 곳에 오이 난다.'는 말씀과 불경의 '인과보응'은 같은 내용인 것이다.

착하게 살고 인정 많은 영혼은 일정 기간 동안 영계(법계)에 머물 수 있다. 이런 영혼들은 간절히 부르면 다가와서 격려의 말과 치유의 말을 해 주는 것이지만 그 영혼의 수준에 맞는 만큼의 말을 하는 것일 뿐이다.

이러한 영혼들의 영적인 수준도 천차만별이라 오죽하면 불교 신앙 측면에서 33천(天)으로 대분류하였으니, 더욱 세분하면 3300천(天)도 모자라지 않겠는가.

불교적인 설명으로는 최상위의 수준에 있는 영들이 모여 있는 곳이 도솔천이고 도솔천에서도 가장 청정한 곳이 내원궁이라 하였고, 그

내원궁에 머물던 영혼 중의 한 영(靈)이 마야 부인의 태중으로 내려와 석가모니라는 이름으로 49년간 큰 가르침을 주셨다고 말하고 있지 않는가.

대다수 민족 신들의 수준은 도솔천에 들어갈 최상위 수준이든지 또는 그 아랫급의 수준이다. 전 인류를 사랑하며 또 일체 생령을 사랑하는 최상급 경지에 올라가지 못하고, 자기 민족만을 챙기는 그나마 높은 정도의 영들이 많다.

유대인의 민족 신이든, 인도인의 민족 신이든, 한민족의 민족 신이든 오늘 같은 문명 시대이며, 지구촌 시대에 다시 현현하신다면 "모든 민족이 서로 평등한 인격체이요, 진리의 화현이니 서로 돕고 사랑하며 힘 모아 평화롭고 안락한 세상을 만들어 가라."고 계시하실 것이다.

이런 계시를 하지 못하고 "너희 민족은 우월하니 저런 야만인은 사지를 잘라 죽이고 불태우며, 그들의 재산을 빼앗아 너희들의 부를 챙기며, 하나님을 섬기는 우리들의 수준 높은 문명을 전파하라."고 계시한다면, 이런 하나님은 낮은 수준의 잡신이며 악령이요 사탄인 것이다.

이런 악령의 악다구니를 따라 저지른 서구 유대-앵글로색슨의 흉악하고 잔인무도한 죄업이 하늘을 찌르는데, 성경 말처럼 유황불의 심판을 맞이하지 않겠는가.

오쇼 라즈니쉬는 "예수는 불행하게도 주변의 제자들이 학문적으로 무식하였다. 오직 마태만이 율법학자로서 학문적인 소양의 바탕이 있었지만 학자의 틀을 벗어나지 못하였고 나머지 제자들은 학문적인 소양이 없는 어부나 목수 등의 무지한 민중들이어서 모두들 자기 수준만큼 이해하여 받아들였다. 그 제자들 중에서 오직 도마만이 예수의 말뜻을 가장 잘 이해하고 복음서를 작성하였으나 로마 제국에 의해 신약성서에 포함되지 않고 외전(外典)으로 분류되었다."고 말하지 않았던가.

오늘날 유명한 성서학자들 가운데 동방박사의 역사성을 옹호하는 사람은 없다. [184]

그리스도인 예수의 말씀을 자신의 그릇만큼 받아들이고 자신의 수준만큼 이해하여, 자신들의 종교적 토대인 유대 전승에서 들은 이야기를 보태어 적고 또 전했다. 몇 개의 빵으로 많은 무리를 먹였다는 것도 모세의 이야기를 확대한 것이다. [185]

예수의 말씀을 원전(原典) 그대로 이어받지 못하였고, 참 말씀들은 외전으로 분류되어 사라져 버렸다. 또 히브리 성서 본문이 코이네그리스어로 또 라틴어로 또 영어로 번역되는 과정에서 신화적으로 덧칠된 의미와 해석을 걷어 내어야 참사랑의 예수, 참그리스도인 인간 예수를 복구할 수 있을 것이다.

원전의 참말씀을 모르고 덧칠된 말씀만을 아전인수식으로 오해하고 있으니, 기독교도라고 자칭하는 서구인들의 인식 구조가 비정하고 잔인하고 독선적으로 진화되어진 것이라고 추측한다.

예수는 짧은 3년의 시간 동안 순서에 맞는 합리적인 설법보다는 부득이 기적을 많이 행한 것으로 복음서에 기록되어 있는데 그렇게 복음서에 신화적으로 또 신비롭게 기록하여 이야기를 퍼뜨리지 않고서야, 무지한 민중들이 어찌 예수를 추종하며 따를 수 있었겠는가.

AI를 장착한 휴머노이드 로봇이 상품으로 판매되는 이 밝은 시절에도 특이한 복장과 외모로써 요상스런 행동을 보여 주면, 헌금을 들고 온 교인들이 구름처럼 모여드는 한심한 민심이고, 오직 합리적인 도덕과 마음공부로써 설법하면 범상한 사람들은 시시하게 여기며 우습게 아는 세태이니 오늘 예수께서 다시 이 세상에 메시아로 오신들 민중들이 어찌 알아보겠는가?

형상 가진 것은 반드시 멸하므로 형상 가진 인격적인 하나님은 없다.
믿음이 깊은 사람의 간절한 기도에 응답하여 인격적인 모습으로 화현(化顯)한 것은 진리 자체가 아니고 영계에 머물 정도의 높은 수준에 오른 영(靈)이다.
이 영(靈)과 진리를 혼동하여 이해하면 참진리에 도달할 수 없다.
진리는 말로써 설명하기 어려우며(언어도단·言語道斷), 굳이 이(理)와 기(氣)로 표현할 수 있을 뿐이며 진리의 체(體) 자리는 희노애락이 일어나지 않은(미발·未發) 자리의 언어도단(言語道斷)한 이치이며, 진리의 용(用) 자리는 생생약동(生生若動)하고 끊이지 않는 기운이므로 이 둘을 같이 말하여야만 혼돈이 없다.

이 진리의 용(用)인 운행(運行)은 전자기적 작동처럼 입자적 운동과 동시에 파동적 운동을 하는 에너지인 기(氣)를 동반하니 진리의 체(體) 자리인 이치와 용(用) 자리인 기운을 같이 말하여야만 비로소 올바른 설명이 된다.

동전의 앞면과 뒷면을 같이 표현해야 동전을 올바르게 설명하는 것과 같다.

진리의 바탕 자리인 이치는 불교적으로 이야기하면 법신불, 청정법신불, 비로자나불이라고 부르는 '참이치' 자체를 말하며, 유학적으로 말하면 희로애락이 아직 일어나지 않은 '희로애락미발(喜怒哀樂未發)'의 자리라고 하며 불교적으로 한 생각도 일어나지 않은 '일념미생전(一念未生前)'의 자리라고 한다.

이 법신불의 자리는 진공묘유(眞空妙有)하다고 하며, 공적영지(空寂靈智)하다고 하며, 원만구족(圓滿俱足)하며 지공무사(至公無私)하다고 하며, 공원정(空圓正)하다고 하며, 대소 유무(大小有無)로 변화하고 변화한다고 설명한다.

참이치의 근본 자리인 체(體)를 진공(眞空)한 상태, 공적(空寂)한 상태, 미발(未發)한 상태라 하고 참이치의 변화된 자리인 용(用)을 묘유(妙有)한 상태, 영지(靈知)한 상태, 기발(旣發)한 상태라 한다.

모든 종교적 성인들은 이 참진리를 깨달아 얻으신 분들이시며 이 진리를 시대적 상황과 민중들의 지적 수준에 따라 쉽게 알아듣도록 설명하신 것이므로, 모든 종교의 근본 이치는 다르지 않으며 하나의 진리에서 나온 같은 가르침이다.

또한 성인들은 이 세상 모든 민중들의 인격 함양에 도움을 줌으로써 모두가 행복한 삶을 살아가기를 기도하시며 또 이 세상을 모든 생령들이 서로 돕고 서로 아끼는 평화로운 낙원으로 만들어 가기를 매 순간 기도하고 계시는 것이다.

자기 민족만 잘 먹고 잘 살기를 바라는 것이 결코 아니다.

2.
균등한 세상을 이루기 위한
개인과 사회적 역량

　모든 인류가 인권적으로 평등한 대우를 받을 수 있고, 경제적으로도 합당하게 평등한 대우를 받게 되어 균등세계(均等世界), 대동세계(大同世界)를 만들어 가려면 모든 세계 인민들은 어떤 역량을 갖추어야 하며, 사회는 어떤 시스템을 갖추어야 할까?

　세계적인 문명의 대전환기였던 조선 시대 말엽에 최수운과 강증산은 사회혁명 사상에 다름 아닌 후천개벽을 말하였고, 원불교의 소태산 박중빈 역시 후천개벽의 참 문명 세상이 오니 어서 마음공부를 하라고 하였다.

　백낙청은 후천개벽의 말씀들을 "조선 말 민족적 위기 상황에서 단순히 좌절감에 빠지지 않고 오히려 조선의 일대 전환기라고 민중들의 인식을 긍정적으로 전환시킴과 동시에 전 세계 인류의 부활 기회로 천명해 주심은 우리 민족의 저력이고 자랑이다."라고 평하였다.[186]

　시국(時局)과 시운(時運)에 맞는 실질적인 처방, 즉 탐욕적 자본주의 문명이 극에 달하여 이제 생명력을 상실한 시기이므로 획기적인 새 사상, 새 철학, 새 이념이 나와야 한다는 것이다.

삼십여 전에 김지하 시인이 서울의 한 강연회에서 직접 평하기를 "원불교는 유불선과 동학, 증산교 등 근대 우리나라 모든 사상의 저수지이다. 우리나라 근대의 모든 사상이 그 곳에 모여져 있다."고 하였으니 원불교에서 균등한 세상을 만들기 위한 개인과 사회의 역량 강화에 대하여 이미 『교전』에 밝힌 방인을 소개한다.

즉, 자력 양성(自力 養成), 지자 본위(智者 本位), 타자녀 교육(他子女 教育), 공도자 숭배(公道者 崇拜)이다.

이에 대한 저자의 개략적인 해설은 다음과 같다.

1) 자력 양성(自力 養成)

자력을 양성하여 사람으로서 면할 수 없는 자기의 의무와 책임을 다하는 동시에 자력 없는 사람을 보호하자는 것으로, 세상을 밝고 평화로운 세상으로 만들기 위해서는 세계 인민들 모두가 인권적인 평등을 누려야 한다. 그러기 위해 세계 인민 모두가 정신적으로 자주력(自主力)을 갖추고, 육체적으로 자활력(自活力)을 갖추고, 경제적으로는 자립력(自立力)을 갖추어야 참다운 인권 평등(人權 平等)의 세상이 오게 된다.

여기서 가장 중심이 되는 것이 정신적 측면인데 바로 도덕성 함양을 통한 고매한 품격을 갖추어야 한다는 것이다. 비도덕적인 권세와 부귀의 유혹과 협박에도 흔들리지 않을 수 있는 마음의 힘을 갖추어야 하며, 일시적인 이익과 영원한 이익을 판별하는 도덕적 지혜력을 갖추어야만 혼돈스러운 세상에서도 자주(自主)의 힘을 가진 사람이 된다는 것이다.

정신적으로 남의 의견에 무비판적으로 부화뇌동하지 않고, 자신의 생각을 자기 스스로 정립(定立)하는 학습의 노력을 정성껏 하여서 정신적으로 타인에게 무비판적으로 끌려 다니지 않는 사람이 되어야 한다.

육체적으로 타인에게 의지하지 않고 스스로의 힘으로 활동할 수 있도록 신체를 건강하게 관리하여 자신의 존엄을 스스로 지키는 사람이 되어야 한다.

경제적으로 타인에게 의뢰적인 생활을 하지 않도록 자신의 힘으로 최소한의 생활을 유지할 수 있을 만큼의 경제적 소득을 만들어야 자신의 존엄을 지킬 수 있다.

모든 인민들이 교육을 받고 직업을 가지고 국가와 세계에 대한 의무와 책임을 잘 행하기 위해서는 자력을 갖추어야 한다.

정신적인 면이나 육체적인 면이나 경제적인 면에서 자력을 갖추지 못하고 의뢰 생활을 한다면 그만큼 나의 권리가 축소되며 나의 존엄도 축소당할 수 있다. 따라서 자력을 키우는 일은 인권 평등의 기본이 된다.

2) 지자 본위(智者 本位)

지식이 있는 사람은 알지 못하는 사람을 가르치고 알지 못하는 사람은 지식 있는 사람에게 배우는 것이 원칙적으로 당연한 일이니 어떤 처지에 있든지 배울 것을 구할 때에는 불합리한 차별 제도에 끌릴 것이 아니라 오직 구하는 사람의 목적만 달하자는 것으로, 세상을 밝고 평화로운 세상으로 만들기 위해서는 세계 인민 모두가 지식 많고 지혜로운 사람이 되어야 한다.

어느 분야든 나보다 지식적으로 더 많이 아는 사람이나 지혜로운 사람을 스승으로 삼고 그 분야 그 분야의 지식을 흡수하고 확대하여야 하며, 어느 분야의 문제이든 그 분야의 지식이나 지혜가 많은 사람을 문제 해결의 지도자로 모시고 배우며 그 문제를 풀어 가야 한다.

그렇게 지식이나 지혜가 많은 사람을 모시고 잘 배워 나가야 지식 평등(知識 平等)의 세상이 온다.

3) 타자녀 교육(他子女 敎育)

교육의 기관이 편소하거나 교육 장려의 정신이 자타의 국한을 벗어나지 못하고 보면 세상의 문명이 지체되므로 교육의 기관이 확충되고 자타의 국한을 벗어나 모든 인민을 두루 교육함으로써 세상의 문명을 촉진시키고 모든 인민이 함께 안락한 생활을 하자는 것으로, 인류 사회가 문명한 낙원을 만들기로 하면 세계 인민 모두가 문명인이 되어야 한다.

그러기로 하면 세계 인민 모두가 두루 교육을 받아야 한다. 따라서 누구든 배울 수 있도록 내 자녀가 아닌 다른 가정의 아이라도, 가난한 집의 자녀라 하더라도, 내 자녀 가르치듯 장학 사업에 참여하여 평등하게 교육의 기회를 주어 교양과 지식을 갖춘 문명인이 되도록 교육 평등을 이루어야 한다. 그래야만 인권적으로 평등한 대우를 받을 수 있고, 경제적으로도 평등한 대우를 받게 되어 균등세계(均等世界), 대동세계(大同世界)의 기초를 만들 수 있다.

4) 공도자 숭배(公道者 崇拜)

사회와 국가와 세계가 공도자 숭배를 극진히 하면 사회를 위하고 국가를 위하고 세계를 위하는 공도자가 많이 날 것이므로 여러 방면으로 공헌한 사람들을 그 공적에 따라 자녀가 부모에게 하는 도리로써 존중하고 숭배하자는 것으로, 세상을 밝고 평화로운 세상으로 만들기 위해서는 세계 인민 모두의 문화와 생활이 향상되어야 한다.

그러기 위해서는 나를 내세우지 않는 마음으로 공중을 위해 봉사하고 헌신하는 사람들이 많이 나와야 한다. 개인의 안락과 부귀만을 추구하기보다는 국가와 인류의 행복을 위해 노력하는 사람들이 많이 나와야 세상의 문명이 높게 발전되고 평화로워진다.

따라서 문화예술이든 기초과학이든 생산기술이든 국방이든 국가나 세계의 발전에 이바지한 분들을 그 공적에 맞추어 귀하게 대우하고 국가적으로 세계적으로 존대하여야만 어린 학생과 청년들도 본받고 세상의 발전을 위해 헌신하게 되어 참다운 문명 세상이 만들어진다.

3.
세계 평화를 이루기 위한
국가적 정책

1965년 미국의 조종을 받은 수하르토 사령관의 군사 쿠데타에 의해 실각했던 인도네시아 초대 대통령 수카르노는 1955년 4월 비동맹 자주 노선의 반둥회의에서 "급속히 발전하는 물질문명에 발맞추어 도덕성도 함께 겸비해야 하며, 또 고전적인 식민지 제도와 더불어 강대국들의 경제 종속 등 신식민지 정책을 경계하지 않는 한 인류의 진정한 행복과 번영은 요원할 것."이라고[187] 설파하였다. 참으로 탁견이 아닐 수 없다.

화려한 물질문명에 양심을 팔고 재색명리를 탐하는 지도자는 자신의 부귀를 위해 나라의 소중한 자원을 외국 기업에 헐값으로 팔아먹어 국민들의 삶을 비참하게 만들며 또 정신문화마저 타락하게 하여 영원히 노예 생활을 면하지 못하게 만든다는 것이다.

수카르노의 강력한 주장은 '미국의 달러 체제 강요와 유학생들에 대한 장학금 지급과 장교들에 대한 군사 교육 실시 등 각종 명목의 원조금 지불도 결국은 식민지적 종속의 수단이 되므로, 자력적인 교육 시스템 개혁과 자립적인 경제 개발과 도덕적인 인재 양성이 있어야 비로소 세계 인류의 행복과 번영을 담보할 수 있다.'는 것이다.

탄허 스님도 "산업화에 따른 인간의 기계 노예화, 물질문명의 풍요 추구에 역점을 두는 가치 전도의 현 시대에 어떻게 하면 도덕적 인격을 함양하여 도의적 인간이 되느냐 하는 걱정을 필요로 하는 시점이 되었다. 학교 교육만으로 도덕의 덕목을 펼치기 어려운 현실이기 때문에 종교적 차원의 신앙심을 전 사회에 심어 주는 일이 시급하다. 그래서 오늘의 종교는 적극적으로 사회 교화에 임하는 자세가 필요한 것이다."라고[188] 하였다.

원불교에서도 '진리적 종교의 신앙과 사실적 도덕의 훈련으로써 도덕적 인재를 양성하여야 하고, 또한 종교인은 자애롭고 포용적인 역할로서 세계 평화에 대한 총체적 방향을 제시하고 정치인은 공정하고 엄격한 법 집행자 역할을 함으로서 종교인과 정치인이 서로 머리를 맞대고 토의하며, 세계 평화에 대한 실천적 세부 과제를 수립하고, 합리적으로 순서에 맞게 실천함으로써 비로소 결함 없이 평등한 낙원을 건설할 수 있다.'며 정치와 종교는 평등 세상으로 이끄는 수레의 두 바퀴와 같으므로 늘 합력(정교동심·政敎同心)해야 한다고 하였다.

백낙청은 "모든 인류가 인간답게 살기 위해서는 지금보다 물질적으로 훨씬 더 균등한 세계가 이루어져야 하듯이, 경제적 이해타산에만

좌우되지 않는 다양한 공동체들이 더욱 튼튼하게 자리 잡아야 할 것이다."[189] 또 "작은 여러 공동체의 매개 작용이 없이 전 인류 단위의 거대한 공동체가 성립되기 어려울 것이다."하였고[190], 또 "한반도는 중국, 러시아와 국토가 접해 있고, 압도적인 문화적 위력에도 굴복되지 않고 오히려 빛나는 문화적 독자성을 면면히 지켜온 역사가 있고, 일본 제국주의의 공공연한 민족 말살 정책도 이겨 낸 경험을 가진 역사가 있다. 따라서 한민족이 먼저 분단 체제의 극복이라는 참된 깨어남과 새로운 공동체 건설을 통해 선천시대적인 탐욕적 자본주의 체제를 변혁해야 한다."고[191] 하며, 상극적이고 투쟁적인 세계 체제를 상생적이고 호혜적인 세계 체제로 개벽하는 일을 책임 맡아야 하고 또 능히 책임 맡을 역량도 갖추고 있으니 국내외의 한민족 모두가 각성과 자발적인 책임 부담을 촉구하였다.

원불교 송정산은 "어느 한편에 기울어진 사상으로써 어느 편을 편파적으로 좋아하거나 싫어한다면 이는 세계 평화를 방해하는 공작이라 아니할 수 없다. 공평한 태도와 자력의 정신으로 각 나라를 똑같이 응대하지 않고 자기의 세력 배경을 삼기 위해 일개 국가에 편착하고 종속되려는 어리석고 비루한 생각은 절대 말아야 한다."라고[192] 하며, "국내와 세계정세를 달관하지 못하고 어느 한 국가에 편들기를 고집하거나 또는 어느 한 국가의 정책에 맹목적 추종을 해서는 적당한 정치가 서지 못한다."고[193] 하였다. 또 "민주주의의 강령은 모든 사람으로 하여금 각각 자기의 본래 성품인 우주의 원리를 깨닫게 해 주는 대평등(大

平等)의 도리를 근본으로 삼아야 한다.”고[194] 하였다.

백낙청은 “'민주주의'라는 단어는 정확한 정의(定義)와 그 이론적 근거에 대한 구체적이고 합의된 내용이 없고, 실제로 '민주주의'는 오늘날 너나없이 내세우는 명분일 뿐이며, 현대판 바리새인들의 말치레처럼 되었다. 오히려 '인민들'의 '참된 자각과 훈련'이 전제되지 않는 한 '민주주의'는 실상 위험천만한 사상이며 제도이다.”라고[195] 하며 스스로의 자각과 인민들의 훈련을 강조하였다.

평화롭고 안락한 복지 국가, 복지 세계를 만들어 가기 위한 사회 개벽 운동은 마음공부를 근본으로 삼는 자기 교육의 과정이며 이를 통한 인민 교육이 병행되어야만 한다는 것이다.

참다운 세계 평화를 위해 모두가 노력해야 할 과제라며 원불교 김대산이 발표한 '세계 평화를 위한 세 가지 제안'을 소개한다.

즉, 심전계발(心田啓發), 공동시장(共同市場) 설립, 종교연합(宗敎聯合) 설립이다.

이에 대한 저자의 개략적인 해설은 다음과 같다.

1) 도덕성 회복의 심전계발(心田啓發)

도덕성 회복이 없고는 개인의 참성공도 국가 발전도 있을 수 없고 평화로운 세상도 건설될 수 없다. 염치도 없고 오직 개인의 이익만을 위해 타인을 상하게 하는 사람이 많다면 나라든 세상이든 온통 도둑과 강도들의 세상이 될 수밖에 없다.

도덕성 회복을 위해 각자 개인들마다 누구나 갖고 있는 불성(양심)을 찾아서 가꾸어야 한다. 정원을 곱게 가꾸듯이 개인의 인격도 오랜 시간 꾸준히 가꾸어 가야만 하는 것이다.

자리이타의 정신으로 상부상조하는 덕성을 갖추어야 한다. 널리 세상을 이롭게 하려는 홍익인간의 아름답고 높은 철학이 전 세계에 널리 퍼져 이 웅대한 홍익인간 사상을 실현하려는 사람들이 늘어나면 늘어날수록 그만큼 세상은 아름답고 따뜻해지는 것이다.

2) 공동시장(共同市場)의 설립

모든 사람이 인간다운 삶을 누릴 수 있도록 저마다의 소득이 합리적으로 있어야 한다. 또 나라 간에는 서로 평등하고 존대하는 입장에서 각 나라의 특성에 맞는 물품들을 자리이타의 철학과 상부상조의 정신으로 무역 활동을 하는 열린 공동시장을 만들어서 인류 모두가 윤택한 생활을 할 수 있게 해야 한다.

안정된 생활이 유지되어야 여유 있는 마음으로 남을 도우려는 선량한 마음과 도덕적인 인격을 갖추려는 수양의 마음이 나오기 때문이다. 그러므로 맹자께서도 "항산(恒產)이 있어야 항심(恒心)이 있다."고 하시었고 한국 속담에도 "남을 도우려는 넉넉한 인심은 곳간에서 나온다."

고 하였다.

3) 종교 간 소통의 플랫폼인 종교연합(宗教聯合) 기구의 설립

종교는 인류의 평화로운 삶을 위해 꼭 필요하다. 그러나 각 종교마다 선민의식에 사로잡혀 독선적 마음을 가지고 있다면 다툼과 분쟁이 사라지지 않을 것이다. 지구촌 시대를 맞이하여 모든 종교가 서로 차별 없고 평등한 참진리와 같은, 성자의 마음속에서 하나로 만나면 소통이 안 될 수 없다.

그런 성자의 마음으로 인류의 인성교육 문제와 국가 간의 경제 문제와 지구촌의 평화와 환경 보존 문제를 서로 협조하며 풀어 간다면, 다국적 기업 간의 문제와 국가 간의 문제도 '서로의 존재가 내 삶의 원천'이라는 '없어서는 살지 못하는 관계'임을 각성하여 세계 평화의 관점에서 토의하고 합의해 간다면, 인류 모두가 평화로운 세상에서 행복하게 살아가는 날이 반드시 올 것이다. 인류의 정신문화를 빛낼 수 있도록 모든 종교 간에 소통하고 대화하는 세계적 조직의 평화 플랫폼을 만들어야 한다.

이런 문제는 정치인들의 손에만 맡겨 두어서는 되지 않는다. 그러므로 각 나라의 지성인들과 종교인들이 머리를 맞대고 토의하고 협의하여 노력해 나가면 좋은 해결 방안이 나오게 된다. 그리고 이 방안을 정치인들에게 알려 주고 지도해 나간다면, 종교인과 정치인이 손 맞잡고 협력하여 비로소 모든 국가들이 서로 평화롭게 도우며 살게 되고, 모든 인류가 나름대로의 풍요롭고 안락한 삶을 누릴 수 있을 것이다.

이런 거룩하고 아름다운 일, 즉 평화롭고 안락한 문명 세상을 만드는 일은 남을 짓밟고라도 이기려는 경쟁의식에 물들지 않은, 순수하고 아름다운 품성을 갖춘 사람들이 아직 많이 남아있는, 탐욕적 자본주의 체제에 물이 덜 든 공동체나 국가가 선도해 갈 수 있을 것이다.

이기적이고 탐욕적인 자본주의 체제에 찌든 국가는 정치인과 언론인과 심지어 종교인들마저 심하게 오염되어져 있는 실정이라서 오염된 시스템을 고치고 오염된 마음의 때를 씻는 데 오래 걸리고 어려울 것이다.

예수께서도 "부자가 천국을 가는 일은 낙타가 바늘구멍을 통과하는 것처럼 어렵다."고 하시지 않았던가.

돈, 자금(資金)이 본위(本位)가 된다면 세상의 도덕이 무너지고 인간성이 파괴되며 불평등이 깊어지지 않겠는가.

마땅히 사람이 본위가 되어야 하지 않겠는가.

자본주의는 평화를 좀먹으며 자란다고 하며, 자본주의의 끝은 전쟁이고 제국주의라고 널리 회자(膾炙)되고 있지 않은가.

이제 서양에서 유대 상인들이 만든 자본주의(資本主義)는 한국의 동학과 원불교에서 밝힌 인본주의(人本主義)의 조정과 통제를 받아야 인류

공동선에 기여하는 더욱 성숙한 주의(主義)가 될 수 있다.

 평화로운 세상을 만드는 거룩하고 영광스러운 과업은 소명의식을 가진 도덕적 지도자들이 앞서서 행해야 한다고 생각한다.

4.
평등하고 서로 돕는
대개벽의 시대가 왔다

주역의 풀이에도 간방(艮方)인 우리 조선에서 성인이 나신다고 하였으니, 조선의 정신문명을 밝게 빛낸 위대한 사상가, 종교가들이 수없이 배출되었다.

원효 스님과 의상 스님과 지눌 스님과 나옹 스님과 석가모니의 후신이라 말해지는 진묵 스님이 오셨다가 가셨다.

하늘에서 들려오는 옥황상제님의 가르침으로 대각을 이루시고 후천개벽 시대가 왔음을 알리며 사람이 곧 하늘이라고 밝혀 주신 최수운 대신사와 최해월 신사가 도둑처럼 오셨다가 가셨다.

당신 스스로 옥황상제라고 하시며 영계의 민족 신들을 모이게 하고 이들끼리 먼저 화해하도록 천지공사(天地公事)를 직접 행하신 강증산 대천사도 오셨다가 가셨다.

진리적 종교의 신앙과 사실적 도덕의 훈련법으로써 인류 도덕문명을 진급시키는 방법을 제시하신 원불교의 소태산 박중빈과 송정산도 오셨다가 가셨다.

이처럼 대성자들께서 이어 나오시고, 새 진리와 새로운 훈련법을 제시하시며 후천 개벽 세상의 대균등 세계, 대평화 세계를 이루도록 권면하시었다.

거룩하신 성자들께서 선천이 끝나는 말세의 이 혼탁한 세상에 나오시고 새로운 법으로 우리를 일깨워 주신 참뜻이 무엇인가?

인과를 모르는 약탈적 자본주의 숭배자들에게 영원불멸(永遠不滅)한 진리와 공정무사(公正無私)한 인과보응의 진리 그리고 모든 존재가 없어서는 서로 살지 못하는 은혜의 관계임을 알고 실천하는 지은보은(知恩報恩)의 철학을 알려 주셨다. 이런 이치에 근거하여 모든 인류가 서로 돕고 살아가는 대낙원 세상을, 모든 종교가 서로 참진리의 마음으로 회통하고 합력하는 대평화 세상을 반드시 만들어 가자는 가르침이 아니겠는가.

모든 조선의 성자들이 평화로운 후천 세상, 미륵불 세상을 예언하셨고, 소태산 박중빈은 "금강산이 세상에 드러나면 조선(朝鮮)이 다시 아침처럼 밝게 빛나리라."는 예언을 하시고 "이 나라가 도덕의 부모국이며 정신의 지도국이 될 것."[196]이라는 희망찬 예언을 하셨다.

유불선의 도학적 수양에 대한 아무런 개념조차 없이 오직 '약육강식의 정글 속에서 살아왔던 서구인들'에게 한민족의 위대한 평화사상인 홍익인간 사상과 유불선 회통의 원륭무애(圓隆無碍)한 사상을 널리 알려 주어야만, 예수님 말씀의 재해석과 예수정신의 부활운동이 일어나야만, 서구인 모두를 다 함께 평등한 대동 세상의 건설, 자리이타의 낙원 세상 건설에 동참시킬 수 있을 것이다.

인류 공동의 선(善)을 실천하려는 선량하고 지혜로운 철학자, 사회운동가, 정치 지도자들이 같이 모여 지혜를 모우고 힘을 키워서 하루빨리 지구촌의 모든 인민들을 맑고 밝고 따뜻한 평화 세상으로 이끌어 주기를 기도한다.

저자의 독서 편력과 후기

　초등학교 고학년 시절 삼촌이 친구와 이야기 나누는 것을 곁에서 들으니 "모든 것이 다 마음에 의해 이루어진다(일체유심조)는 것을 믿는 것이 불교란다."라고 말하였는데, 어린 생각에 '아. 그렇지. 내가 좋다고 생각하면 좋고 내가 싫다면 싫은 것이지. 불교가 내 생각과 닮았네. 나는 크면 불교를 믿어야 하겠구나.'라고 생각하고 그 뒤 집에 있던 원효대사, 의상대사, 대각국사, 보조국사의 전기를 읽었고, 중학교쯤에는 『천수경』도 읽으며 일부 주문도 재미 삼아 외우기도 하였다.

　중학교 3학년 때 최면술에 대한 책을 읽고 실습도 해 보며, 잠재의식에 대한 궁금증으로 프로이드의 『정신 분석학 입문』도 뒤적거렸다.

　1971년 16살 고등학교 1학년 봄 학교 도서관 서고에서 우연히 골라든 『채근담』(조지훈 역, 현암사)을 읽다가 '아. 철학은 서양에 비해 동양이 최소 1,000년은 앞섰구나!'라는 충격적인 느낌을 받았다. 그 후 동양철학 서적만 골라서 읽었다. 한글대장경의 『아함경』, 『잡아함경』, 『법구경』을 도서관에서 읽었다.

　그리고 원불교 『교전』을 읽었다.

　1974년 19살 대학교 1학년 때 『대학·중용』을 읽었다.

　1975년 20살 대학교 2학년 때 당시 서면로터리에 있던 청학서점 서가에서 수필집 『마음』(원각사, 1972)을 통해 평소 존경하던 청담스님의 유고집으로 출간된 3조 승찬 스님의『신심명』을 꺼내어 읽다가 온몸에 전율을 느꼈다. 그 후『신심명』을 여러 차례 사경을 하고 암송도 하였고 또 수십 권을 구입하여 지인들에게 선물도 하였다.

군대 생활을 하던 중 외출을 나와 서점에서 우연히『한비자』를 구입하고 초소에서 근무 틈틈이 읽다가 '아, 내가 이 책을 진작 보지 않고 이제야 읽다니.' 하고 탄식을 하며 감명받았다. 제대 후 복학하여『대학·중용』을 다시 읽으니 그 의미가 더욱 깊게 느껴졌다.『동경대전』,『대순전경』을 읽었다. 1980년 늦가을부터 기도 생활을 시작하여 10년간 계속하였다.

1981년 대학원 1학년 시절인 25살엔 오쇼 라즈니쉬의『사랑의 연금술』(도마복음서 주해)를 읽었다. 이 책을 통해 예수님의 인간적인 위대한 모습을 느낄 수 있었고, 그 뒤부터 교회의 십자가를 보아도 예수님의 구도역정(求道歷程)이 떠오르며 다정한 느낌이 들었다.

그해 겨울 방학 때 황석공의『소서(素書)』를 읽었다. 이즈음 안동민 씨가 번역하거나 쓴 심령과학 서적들을 읽고,『생명의 실상』(谷口雅春, 태종출판사) 몇 권도 읽었다.

대학원 석사 과정을 마친 뒤 아버지의 소개로 알게 돼 대학 입학 때부터 목표로 설정한 '토목구조기술사' 자격 취득을 위해 1983년 3월 설계회사에 취직하였다.

잡지《뿌리깊은 나무》등에서 인터뷰하신 말씀을 통해 평소 탄허 스님을 존경하였고 법어집『부처님이 계신다면』(교림, 1980)을 구입해 읽

있는데 지금껏 소중하게 보관하고 있다.

그리고 이 시기에 막 출판된『비류백제와 일본국가의 기원』과 김용옥의『우리는 동양학 어떻게 할 것인가』,『여자란 무엇이냐』등을 출판되자마자 읽었다. 그리고 황석공의『소서(素書)』를 한학에 밝은 후배와 같이 한자 원문으로 공부하였다.

1991년『정역』(이정호 역, 아세아문화사)도 구입해 읽었으나 그 깊은 뜻은『주역』을 공부하지 못하였으니 더욱더 알 수 없었다.

1991년 서울 북부간선도로(성산대교 북단~홍지문 터널)구간의 교량 상세설계 책임자로 근무하게 되었다. 이 교량은 스위스의 설계회사에서 기본설계만 수행하고 상세설계는 시공사에서 수행하도록 발주한, 국내에 최초로 도입된 공법이라 지식 있는 국내 기술자가 없었다. 밤늦도록 외국 논문을 읽고 공부하였고 외국 기술자와 협업으로 제작장 설계와 가설 트러스 장비설계와 상부 블록들의 상세도면을 작성하였고 시공 책임자들은 이들을 잘 제작하고 설치 완성하여 많은 시민들이 잘 이용하고 있어 보람을 느낀다.

1995년 부산광안대교 건설현장의 전면책임 감리단 구조분야 책임감리원으로서 근무하며 광안대교 건설의 시작 단계에 일어나는 구조적, 재료적 문제들의 해결 방안을 마련한 후 토목구조기술사 사무소를 개업하여 토목 구조물 설계 업무와 안전진단 업무 등의 업을 운영하였다.

그해『대쥬신제국사』(김산호, 동아출판사) 1, 2, 3권을 50세트 구입하여 주변 분들에게 "자녀들에게 읽게 하라."며 선물하였고 나의 어린 아들,

딸을 앉혀 놓고 쉽게 설명하며 읽어 주었다. 『안반수의경』, 『대념처경』, 『용호비결』(정렴 저, 서해진 풀이), 『정좌수도강의』(남희근 저, 신원봉 역)을 읽었다.

『성리대전(性理大全)』을 공책에 옮겨 적으면서 뜻을 새기며 정밀하게 읽었고, 『해월신사 법설해의』를 읽었다.

2001년 전북대학교 언론학 교수인 강준만의 『노무현과 국민사기극』을 읽고 언론회사가 한 인간을 어떻게 바보 또는 악인으로 만드는지 알게 되었고 언론과 그 기사들을 보는 정확한 안목을 가질 수 있게 되었다.

2001년 12월 노사모(노무현을 사랑하는 모임) 회원으로 입회하여 활동하였다. '후단협'으로 분열된 민주당만으로는 노무현 후보의 당선이 힘들 수 있다고 판단한 유시민 작가가 주도한 '개혁국민당'에 참여하고 창당 발기인과 지구당 위원장까지 맡았고, 몇 개의 지역 조직을 추가로 결성하며 온 힘을 다 쏟아 노무현 후보의 대통령 당선을 도왔다.

부산외곽순환 고속도로(부산 기장-경남 진영)의 건설을 노무현 대통령께 '제안서'로써 전해 드렸고, 10여 년이 지난 뒤 완공되어 많은 국민들이 잘 활용하고 있어서 제안한 토목기술자로서 큰 보람을 느낀다.

2010년경 점심시간에 사무실 근처의 서점에 들렀다가 우연히 서가 구석에 있는 황성환의 『제국의 몰락과 후국의 미래』을 무심코 꺼내어 읽다가 큰 충격을 받았다.

그 후 도서관 서가에서 우연히 윌리엄 엥달의『석유지정학이 파헤친 20세기 세계사의 진실』을 읽게 되었는데 영국과 미국의 무한한 탐욕과 석유를 쟁취하기 위해 온갖 사악하고 음흉한 모략들도 마다않고 또한 돈과 패권을 차지하기 위해 세계대전까지도 사양하지 않는 등 국제 정치의 민낯에 대해 큰 깨우침을 얻었다.

그 뒤 윌리엄 엥달의『전방위 지배』를 읽고 미국 정부와 CIA, 민간단체들과 언론이 합력하여 미국의 이익에 비협조적인 정권을 전복시키는 과정들에 대해 깨우침을 얻었다.

대구에서 의사 생활을 하시는 송필경의 책『왜 호찌민인가?』를 대구의 한 도서관에서 우연히 구입하였는데 집에서 그 책을 조금 읽다가 옷깃을 여미며 경건한 자세로 마저 읽게 되었다. 베트남 사람들은 이렇게 훌륭한 지도자를 모셨던 민족이라는 마음이 생겨 그 뒤부터 가끔 베트남 사람들을 만나면 소득이 낮은 나라의 사람이라며 깔보지 않고 오히려 존대하게 되었다. 한편으로 '우리나라는 왜 이런 훌륭한 지도자를 모시지 못했을까.'라며 탄식하였다.

우리나라도 어찌 그 같이 훌륭한 지도자가 없었겠는가. 해방을 맞이하던 때까지도 많은 분들이 계셨으나 대부분 암살당하셨다. 미국의 허수아비였던 이승만과 그 밑으로 들어간 친일 부역 세력들이 공범이 되어 민족의 지도자들을 제거하는 악행을 저질렀기 때문이고, 북한 지역 출신 독립지사들과 월북 또는 납북된 애국지사는 이승만 정부 이래 아예 거명조차 하지 않았으니 우리들이 모를 수밖에 없지 않았던가.

또한 신항식 교수가 방대하고 정밀한 자료에 근거하여 만든 책『자유 파시즘』1, 2권과 유튜브 강의를 통해 '알려진 역사'의 물밑에 잠겨 있어 보이지 않는 국제 자본 세력의 탐욕과 음모에 대해서도 세밀하게 알게 되었다.

우크라이나를 상대로 특수 군사 작전이 펼쳐지고 있는 이 참혹한 동시대의 사건에 대하여, 전쟁이 발생된 원인과 과정에 대한 균형 잡힌 보도는 없고 오히려 진실이 왜곡되며 또 단순하고 일방적으로 러시아를 비방하는 한국의 언론 보도를 접하게 되었다.

무척 발달된 인터넷과 SNS의 활동이 빛나는 이 시대에도 이처럼 편파 보도와 악랄한 선전, 선동이 판치는데 불과 20여 년 전이나 50여 년 전에는 얼마나 언론 조작이 많이 있었을 것이며 얼마나 억울한 누명이 많았을까 하고 생각하니 가슴이 무거워졌다.

끊임없이 러시아를 약화시키려는 영국과 미국의 오래된 외교 행태에 대한 역사적인 배경을 공부하였다.

다양한 외국의 독립언론 매체와 유튜브 채널과 SNS를 통해 알게 된 우크라이나 전쟁의 현재 상황 그리고 향후의 세계적인 변화에 대한 전망에 대하여 논리적 균형을 지키려는 학술서가 아닌, 일반인의 시각에서 더 이해하기 쉽도록 이 책을 쓰려고 노력하였다.

외세에 의한 남북한 분단, 미 군사 정부의 강압 지배와 갈등 유발, 또

한반도 전쟁과 휴전 그리고 끝없는 증오심 조장과 외세에 의해 강요된 이데올로기….

한반도에서 해방 이후에 일어난 역사 과정을 지금의 우크라이나에서 판박이처럼 민낯 그대로 볼 수 있다. 이런 강대국의 약소국 지배 전략을 이해함으로써 한반도 전쟁의 원인과 과정을 바르게 이해하기 바라고, 또 한반도 평화 정착과 평화 통일을 위한 실천 방안에 대하여 통찰을 얻기 바란다.

이 책은 15년 전부터 우연히 읽게 된 여러 현대사 서적들과 자료 검색을 통한 공부와 여러 나라에서 실시간으로 유튜브나 SNS를 통해 사실적인 내용을 알려 주는 정의로운 분들의 방송을 참고하면서 스스로 정돈된 나의 생각 중 일부를 발표하는 것이다.

따라서 독자 여러분들의 생각과는 많이 다를 수 있고 또 20 년 전에 역사적 진실이 가득한 책을 읽고 내가 큰 충격을 받았듯이 새롭게 진실을 알게 되어 충격을 받는 분도 계실 것이고 또는 알고 있던 사실과 너무 달라서 오히려 크게 불쾌하여 반발하는 분도 계실 수 있다.

한국의 군사독재 정권과 외세에 빌붙은 언론회사들이 사실을 왜곡하며 한쪽을 핍박한다면, 한쪽을 오히려 악마화하며 국민의 판단력을 오염시킨다면, 한쪽의 억울함을 먼저 알게 된 사람이 마땅히 이들을 변호하며 진실을 알리려고 노력해야 하지 않겠는가.

한국 언론만을 접하게 되면 알게 모르게 영국, 미국 제국주의자들의 시각으로 편향되는 것이니, 스스로 외국의 다양한 자료들을 찾으며 깊이 연구하고 또 다양한 학자들과 유튜버들의 강의를 통하여 균형에 맞고 자주적인 의견을 정립해 가는 지성인들이 되었으면 좋겠다.

저자는 국제관계학이나 정치외교학을 전공하지 않은 공학도로서 오로지 좁은 분야의 여러 가지 책들만을 공부한 민간인에 불과하므로 나의 현재 공부가 완료되고 고정된 것이 아니다. 따라서 정확하지 못하거나 부족한 부분은 계속 수정하고 확대하며 더욱 높고 깊은 단계로 다가서려고 정진하고 있다.

국제적인 사건에 대하여 한편의 주장만 난무하는 한국 언론 환경에 휘둘리지 않고 "균형 맞고 정확한 시각을 가져야 한다."고 외치는 마음으로 이 책을 준비하였고, '먼저 알게 된 자의 책무'를 다 하며 '광야에서 외치는 종교인'이 되어야겠다는 마음이다.

"착하게 서로 도우며 살자. 모든 인류가 평등하게 살아갈 개벽의 날이 왔다!"

오늘의 나를 있게 해 주신 모든 존재들께 감사드립니다.

부모, 형제, 자녀들과 세상을 함께 걸어 온 도반들과 이 땅의 모든 동포들에게 깊이 감사드립니다.

진실을 밝히려고 애쓰는 의(義)로운 학자, 기자와 유익한 영상을 올려 주는 채널 운영자에게도 감사드리고, 나에게 깨우침을 준 수많은 책의 저자들과 좋은 책들이 유통되도록 수고하는 출판업 종사자들께 깊이 감사드립니다.

오늘 나의 넓고 깊은 지식과 지혜의 원천은 책입니다.

지혜를 갖춘 원만한 인격자가 되고 싶으나 아직 많이 부족한 이유섭 고개 숙입니다.

미주

인용한 도서들의 저자, 출판사 등은 '참고도서'에 기재하였습니다.

1) 『우크라이나 전쟁과 신세계 질서』, p. 113.

2) 『자유 파시즘 1』, p. 45.

3) 상동, p. 5.

4) 『유대인 이야기』, p. 226.

5) 상동, p. 290.

6) 『자유 파시즘 2』, p. 7.

7) 상동, p. 9.

8) 『유럽 최후의 대국, 우크라이나의 역사』, p. 91.

9) 『홍익희의 신 유대인이야기』, p. 74.

10) 『자유 파시즘 2』, p. 12.

11) 『석유지정학이 파헤친 20세기 세계사의 진실』, p. 37.

12) 상동, p. 58.

13) 상동, p. 56.

14) 상동, p. 67.

15) 상동, p. 85.

16) 상동, p. 70.

17) 상동, p. 72.

18) 『자유 파시즘 1』, p. 36.

19) 『석유지정학이 파헤친 20세기 세계사의 진실』, p. 116.

20) 상동, p. 124.

21) 상동, p. 127.

22) BBC News, June, 5, 2009.

23) US Strategic Bombing Survey, Over-all Report, p. 7.

24) Lilly R. J., (2007), 「Taken by force : Rape and American GIs in Europe during WW2」, USA :Palgrave.

25) 『자유 파시즘 1』, p. 58, 59, 60.

26) 『석유지정학이 파헤친 20세기 세계사의 진실』, p. 145.

27) 『자유 파시즘 1』, p. 37.

28) 상동, p. 46.

29) 상동, p. 68, 69.

30) 『푸틴을 위한 변명』, p. 34.

31) 『자유 파시즘 2』, p. 23.

32) 『석유지정학이 파헤친 20세기 세계사의 진실』, p. 131.

33) 상동, p. 28.

34) 『미국, 제국의 연대기』, p. 25.

35) 『우크라이나 전쟁과 신세계 질서』, p. 291.

36) 『제국의 몰락과 후국의 미래』, p. 31.

37) 상동, p. 33.

38) 상동, p. 34.

39) 상동, p. 91.

40) 상동, p. 91.

41) 상동, p. 83.

42) 『미국, 제국의 연대기』, p. 108.

43) 상동, p. 109.

44) 『제국의 몰락과 후국의 미래』, p. 83.

45) 『미국, 제국의 연대기』, p. 108.

46) 상동, p. 134.

47) 『제국의 몰락과 후국의 미래』 p. 307.

48) 상동, p. 309.

49) 상동, p. 418.

50) 상동, p. 420.

51) 상동, p. 422.

52) 『시대를 앞서간 민족혁명의 선각자 신규식』 p. 142.

53) 『끝나지 않은 전쟁(1권)』 p. 30.

54) 『제국의 몰락과 후국의 미래』 p. 309.

55) 상동, p. 308/『미국, 제국의 연대기』 p. 148.

56) 『끝나지 않은 전쟁(1권)』 p. 29.

57) 『우린 너무 몰랐다』 p. 230.

58) 상동, p. 230.

59) 『제국의 몰락과 후국의 미래』 p. 96.

60) 상동, p. 96.

61) 상동, p. 98.

62) 상동, p. 99.

63) 상동, p. 122.

64) 상동, p. 124.

65) 상동, p. 126, New York Times, 1997. 5. 20.

66) 상동, p. 229.

67) 상동, p. 231, AP, 2005. 5. 25. & 2005. 6. 14.

68) 상동, p. 236.

69) 상동, p. 237.

70) 상동, p. 241.

71) 『자유 파시즘 1』 p. 38.

72) 『자유 파시즘 2』 p. 101.

73) 『우크라이나 사태를 말하다-촘스키 편』 p. 86.

74) 『주식회사 빈곤대국 아메리카』, p. 252.

75) 상동, p. 253.

76) 『2016 미국 몰락』, p. 216.

77) 『주식회사 빈곤대국 아메리카』, p. 258.

78) 상동, p. 259.

79) 『2016 미국 몰락』, p. 235.

80) 『전방위 지배』, p. 228.

81) Grayzone, 2022. 12. 30., 〈Declassified intelligence files expose inconvenient truths of Bosnian war〉.

82) Grayzone, 2023. 12. 27., 〈Mass graves, grave questions: Britain's secret Srebrenica role〉.

83) 『우크라이나 사태를 말하다-촘스키 편』, p. 100.

84) 『전방위 지배』, p. 147.

85) 『주식회사 빈곤대국 아메리카』, p. 236.

86) 『2016 미국 몰락』, p. 122.

87) 상동, p. 125.

88) 상동, p. 126.

89) 상동, p. 131.

90) 『자유 파시즘 1』, p. 64.

91) 『2016 미국몰락』, p. 60.

92) 상동, p. 60.

93) 『자유파시즘 2』, p. 66.

94) 상동, p. 70.

95) 상동, p. 71.

96) 상동, p. 69.

97) Independent, 2011. 11. 18., 〈What price the new democracy? Goldmana Sachs conquers Europe〉.

98) 『자유 파시즘 1』, p. 39.

99) 『유럽 최후의 대국, 우크라이나의 역사』, p. 51.

100) 상동, p. 69.

101) 상동, p. 73.

102) 상동, p. 70.

103) 『푸틴을 위한 변명』, p. 339.

104) 『유럽 최후의 대국, 우크라이나의 역사』, p. 132.

105) 상동, p. 94.

106) 상동, p. 179.

107) 상동, p. 179.

108) 상동, p. 175.

109) 『우크라이나 전쟁과 신세계 질서』, p. 106.

110) 상동, p. 79.

111) 『남자의 남자, 푸틴』, p. 33.

112) 「2022년 러시아-우크라이나 전쟁에 대한 고찰(이신욱)」, 국제정치연구 제25권 제4호.

113) 『우크라이나 사태를 말하다-촘스키 편』, p. 48.

114) 『우크라이나 전쟁과 신세계 질서』, p. 46.

115) 상동, p. 51.

116) 상동, p. 52.

117) 『우크라이나 사태를 말하다-촘스키 편』, p. 53.

118) 상동, p. 49.

119) 『석유지정학이 파헤친 20세기 세계사의 진실』, p. 363.

120) 『푸틴을 위한 변명』, p. 55.

121) 『전방위 지배』, p. 36.

122) 『석유지정학이 파헤친 20세기 세계사의 진실』, p. 319.

123) 상동, p. 320.

124) 상동, p. 320.

125) 『전방위 지배』, p. 74.

126) 『푸틴을 위한 변명』, p. 177.

127) 『전방위 지배』, p. 75.

128) 『푸틴을 위한 변명』, p. 186.

129) 『전방위 지배』, p. 58.

130) 상동, p. 60.

131) 상동, p. 60.

132) 상동, p. 61.

133) 상동, p. 247.

134) Gray zone, 2023.12.11., 〈Ukrainian trial demonstrates 2014 Maidon massacre was false flag〉.

135) Gray zone, 2023.12.11., 〈Ukrainian trial demonstrates 2014 Maidon massacre was false flag〉.

136) 『전방위 지배』, p. 130.

137) 상동, p. 130.

138) 상동, p. 99.

139) 상동, p. 35.

140) 상동, p. 40.

141) 상동, p. 92.

142) 『우크라이나 전쟁과 신세계 질서』, p. 55.

143) 『우크라이나 사태를 말하다-촘스키 편』, p. 190.

144) 『스푸트니크』, 2024.5.2., 〈Odessa Massacre Ten Years On: How Radicals Drowned City in Blood to Subdue Ukraine〉.

145) 『우크라이나 전쟁과 신세계 질서』, p. 121.

146) 상동, p. 122.

147) Gray zone, 2022.8.12., 〈How Britain fueled Ukraine's war machine and invited

direct conflict with Russia〉.

148) Gray zone, 2022.8.12., 〈How Britain fueled Ukraine's war machine and invited
direct conflict with Russia〉.

149) 『우크라이나 전쟁과 신세계 질서』, p. 125.

150) 상동, p. 72.

151) 상동, p. 37.

152) 상동, p. 140.

153) 상동, p. 293.

154) 『우크라이나 사태를 말하다-촘스키 편』, p. 74.

155) 『우크라이나 전쟁과 신세계 질서』, p. 124.

156) 상동, p. 135.

157) Grayzone, 2022.12.30., 〈Declassified intelligence files expose inconvenient
truths of Bosnian war〉.

158) 『우크라이나 전쟁과 신세계 질서』, p. 198.

159) 상동, p. 200.

160) 『우크라이나 사태를 말하다-촘스키 편』, p. 152.

161) 『우크라이나 전쟁과 신세계 질서』, p. 212.

162) 상동. p. 213.

163) 『원불교전서』, p. 934(근실편).

164) 상동, p. 934(근실편).

165) 『해월 최시형과 동학사상』, p. 95/『해월신사 법설해의』, p. 473.

166) 상동, p. 122/상동 p. 479.

167) 상동, p. 126/상동 p. 483.

168) 『원불교전서』, p. 554(예전 총서편).

169) 『왜 호찌민인가?』, p. 115.

170) 『김대중의 말』, p. 5.

171) 상동, p. 126.

172) 상동, p. 379.

173) 『남자의 남자, 푸틴』 p. 54.

174) 상동, p. 60.

175) 상동, p. 83.

176) 상동, p. 93.

177) 상동, p. 97.

178) 『푸틴을 위한 변명』 p. 100.

179) 『남자의 남자, 푸틴』 p. 124.

180) 상동, p. 126.

181) en.kremlin.ru/events/president/2022.2.21., ⟨Address by the President of the Russian Federation⟩.

182) 『이재봉의 법정증언』 p. 25.

183) 『제국의 몰락과 후국의 미래』 p. 29.

184) 『만들어진 예수 참 사람 예수』 p. 53.

185) 상동, p. 126.

186) 『문명의 대전환과 후천개벽』 p. 71.

187) 『제국의 몰락과 후국의 미래』 p. 315.

188) 『부처님이 계신다면』 p. 45.

189) 『문명의 대전 117.

195) 상동, p. 114.

196) 『원불교전서』 p. 379(전망품).

참고도서

1. 『제국의 몰락과 후국의 미래』, 황성환, 민플.

2. 『석유지정학이 밝힌 20세기 세계사의 진실』, 윌리엄 엥달, 서미석 역, 도서출판 길.

3. 『자유 파시즘』 1, 2권, 신항식, 자주인라디오.

4. 『전방위 지배』, 윌리엄 엥달, 유지훈 역, 에브리치홀딩스.

5. 『우크라이나 전쟁과 신세계질서』, 이해영, 사계절.

6. 『우크라이나 사태를 말하다 촘스키 편』, 노엄 촘스키, 김선명 편저, 뿌시긴하우스.

7. 「2022년 러시아-우크라이나 전쟁에 대한 고찰: 세력균형 문제를 중심으로」, 이신욱, 국제정치연구 제25권 제4호, 동아시아국제정치학회.

8. 『미국 제국의 연대기』, 대니얼 임머바르, 김현정 역, 글항아리.

9. 『2016 미국의 몰락』, 톰 하트만, 21세기북스.

10. 『주식회사 빈곤대국 아메리카』, 츠츠미 미카, 김경인 역, 월컴파니.

11. 『유럽최후의 대륙, 우크라이나의 역사』, 구로카와 유지, 안선주 역, 글항아리.

12. 『유대인 이야기』, 홍익희, 행성B.

13. 『홍익희의 신유대인 이야기』, 홍익희, 클라우드나인.

14. 『우린 너무 몰랐다』, 김용옥, 통나무.

16. 『원불교 전서』, 원불교출판사.

17. 『원불교 정산종사 법어』, 원불교출판사.

18. 『원불교 대산종사 법문집』, 원불교출판사.

19. 『부처님이 계신다면』, 탄허, 교림.

20. 『대학 중용』, 차상원 역해, 동서출판사.

21. 『맹자』, 박경환 옮김, 홍익출판사.

22. 『문명의 대전환과 후천개벽』, 백낙청, 도서출판 모시는 사람들.

23. 『민족혁명의 선각자, 신규식』 강영심, 역사공간.

24. 『이재봉의 법정증언』 이재봉, 들녘.

25. 『왜 호치민인가?』 송필경, 에녹스.

26. 『인간 이재명』 김현정·김민정, 아시아.

27. 『푸틴을 위한 변명』 김병호, 매일경제신문사.

28. 『남자의 남자, 푸틴(Putin Biography)』 띵조커, 이지은·한혜성·이지영 역, 베이직 북스.

29. 『해월 최시형과 동학사상』 부산예술문화대학, 예문서원.

30. 『해월신사 법설 해의』 이영노, 천법출판사.

31. 『만들어진 예수 참 사람 예수』 존 셀비 스퐁 저, 이계준 역, 한국기독교연구소.

32. The Gray Zone 홈페이지(http://thegrayzone.com).

33. 스푸트니크(Sputnik)와 en.kremlin.ru/events/president/: 뉴스와 푸틴 대통령의 인터뷰 및 연설 자료.

34. 유튜브: 자주인라디오(신항식), 박상후의 문명개화(월드리딩), 러시아학당(최기영), SCOTT 인간과 자유, 강미은TV.

우크라이나와
러시아 특수 군사 작전
그리고 푸틴 대통령

ⓒ 이유섭, 2024

초판 1쇄 발행 2024년 8월 15일

지은이   이유섭
펴낸이   이기봉
편집   좋은땅 편집팀
펴낸곳   도서출판 좋은땅
주소   서울특별시 마포구 양화로12길 26 지월드빌딩 (서교동 395-7)
전화   02)374-8616~7
팩스   02)374-8614
이메일   gworldbook@naver.com
홈페이지   www.g-world.co.kr

ISBN   979-11-388-3431-5 (03340)